INTRODUCTION

I

EDMOND ROSTAND BEFORE THE PRODUCTION OF 'CYRANO DE BERGERAC'

ROSTAND was not a poor struggling poet, who would write poetry, whether his father would let him or no, and whose talent was only recognized after his death.

His father, M. Eugène Rostand, was a poet, though his chief interest was political economy, for his attainments in which he was elected member of the Institute of France. When, later, Edmond was welcomed by the parent Institution, the French Academy, he told how the father of H. de Bornier tried in good Alexandrine verse to turn his son aside from poetry. Suddenly he paused, evidently moved, then added: 'I should like to smile and I cannot. You will pardon me for having remembered suddenly and with emotion the good fortune of some sons, who did not inspire doubts in their fathers, and who have seen the latter, far from turning them aside from the Academy, take the trouble themselves to point out the way.'

This fortunate son was born in Marseilles in 1868. His ancestors were merchants and bankers who were, at the same time, artists. The gift of poetry was not the only fairy-gift he received from his father. He inherited also a handsome face, distinguished manners, and riches to render unnecessary any struggle for life.

A first one-act play, *Les deux pierrots*, was refused by the Comédie française, but merely because a Banvillesque play was untimely, Banville having died the day before the play was examined. The work was so promising that Rostand was invited to bring another to be read. He returned with *Les Romanesques* (1894), a charming fancy reminiscent of Shakespeare and of Musset. It was a success on the stage and was awarded a prize by the French Academy.

La Princesse Lointaine, with Sarah Bernhardt in the title

rôle, succeeded in 1895, followed two years later by *La Samaritaine* and *Cyrano de Bergerac*. Rostand was not yet thirty years of age.

Percinet in *Les Romanesques* is by character a poet and the play glorifies idealism and enthusiasm. *La Princesse Lointaine* is a tragedy and the hero is again a poet. So, it will be remembered is Cyrano, and so, of course, is Chantecler.

Combine the playful wit of the comedy *Les Romanesques* with the glorification of love in *La Princesse Lointaine* and it is easy to admit that their author could write a really great play, especially if he could find a figure worthy of his art—a poet for preference. He found the figure, in the person of the eccentric seventeenth-century author, Cyrano de Bergerac.

II

THE REAL CYRANO DE BERGERAC.[1]

Alas! for the local colour of the play, it must be admitted at the outset that Cyrano was not born at Bergerac, was not a Gascon, was not even a meridional—but merely a Parisian. Yet the fact that Cyrano's parents changed the name of the estate they acquired near Paris from Sous-forêts to Bergerac seems to show that they were Gascons desirous of perpetuating the name of their place of origin. Some such explanation is necessary, for the Cyrano of real life has a Gascon character almost as marked as that of his prototype on the stage. Savinien de Cyrano-Bergerac was born in Paris on March 6, 1619. His education was begun by a country priest whose methods were so distasteful to Cyrano that he asked to be sent to school in Paris. He found at the Collège Beauvais a master as brutal and as pedantic as the priest, and when later he made him the subject of his play, *Le Pédant Joué*, he scarcely

[1] The student should read Émile Magne, *Le Cyrano de l'histoire*. Mr. Brun's thesis (see Bibliography) should be consulted for the biography. A more recent work is Lachèvre's edition of the complete text of Cyrano's *Les États et Empires de la Lune*, and *Les États et Empires du Soleil*, and the actual knowledge of Cyrano and his work is ably summarized in English by Mr. R. Aldington in the preface to his translation of Cyrano de Bergerac's *Voyage to the Moon and Sun*. (*Vide* Bibliography to this edition.)

BLACKWELL'S FRENCH TEXTS

General Editor: R. C. D. PERMAN

EDMOND ROSTAND

Cyrano de Bergerac

Edited by

H. ASHTON

M.A., LITT.D., LECTURER IN FRENCH IN THE UNIVERSITY OF CAMBRIDGE

BASIL BLACKWELL · OXFORD

1972

First Published 1942

Seventeenth Impression 1972

ISBN 0 631 00550 1

PRINTED IN GREAT BRITAIN FOR BASIL
BLACKWELL & MOTT LTD. BY COMPTON
PRINTING LTD, LONDON & AYLESBURY
AND BOUND BY
THE KEMP HALL BINDERY, OXFORD

troubled to disguise the name of his tormentor. In 1637 Cyrano had finished his studies and promptly began to enjoy his liberty by indulging in escapades not by any means to his father's taste. Le Bret saved the situation by persuading Cyrano to join the Gardes-nobles and to serve with him under Carbon de Castel-Jaloux. The regiment was sent against the Imperial troops and Cyrano was severely wounded at Mouzon (1639). Scarcely convalescent, he took part in the siege of Arras (1640) and was again seriously wounded. He left the army and decided to continue his education by attending the lessons of the celebrated philosopher Gassendi. His fellow-students were Molière,[1] Chapelle, Bernier, Lamothe le Vayer fils, and Hesnaut. This instruction cannot have lasted very long and Cyrano's studies and military career were both ended by the time he reached his majority.

Impecunious, independent, ever ready to second a friend in a duel, Cyrano appears to have passed his life in the company of the more daring thinkers of his time. Much of what he wrote he did not dare publish. At a time when original thinking, on either political or religious subjects, was not encouraged, Cyrano elected to think or to copy other people's thoughts, to imagine, and to ask impertinent questions. In a society that only tolerated joking about things that did not matter, he turned his humour adrift among the most fundamental questions of life. Naturally he was neither understood nor appreciated.[2]

He found it impossible at length to maintain his haughty independence and entered the household of the Duc d'Arpajon. His dedication to his benefactor of his tragedy *La Mort d'Agrippine*, was unfortunate, for the play was denounced as impious. While in disgrace for thus implicating his patron in an unpleasant controversy, Cyrano was returning one evening to the Arpajon mansion, when he was struck by a heavy piece of wood that fell from the front of the house—accidentally or otherwise. Though seriously injured, he was ordered

[1] According to tradition. The 'proofs' are not very conclusive.

[2] Contrast M. Morillot's appreciation of Cyrano in Petit de Julleville, *Histoire de la litt. fr.*, with F. T. Perrens, *Les libertins en France au XVIᵉ siècle*, Paris (Calmann-Lévy) vol. 1, 1899, and Lachèvre *op. cit.*, vol. 1.

by the Duke to find lodging elsewhere, and was sheltered by Regnoult des Bois-Clairs. As a result of this wound and of his undermined constitution, he died, more than a year later, at the house of his Cousin Peter, where he had been carried only a few days before his death. The reason he gave for the desired removal was a change of air—the real reason being that he wished to escape from the efforts to convert him of Marguerite de Jésus, Madeleine Robineau (Roxane) and his aunt Saint-Hyacinthe of the Convent of the Filles de la Croix.

III

ROSTAND'S CYRANO

The Cyrano of the stage is a counterpart of the original with many added graces. In the first act he is a duellist and—it must be admitted—a bully. From this point of departure he progresses throughout the play. The second act shows him to be an idealist, the third a most poetic lover, the fourth capable of the greatest heroism and self-sacrifice, the fifth above things earthly, fighting not men but vices.

None of the characters in the play is very complicated —Cyrano, of course, dominates and is rarely off the stage. He appeals to men and women alike. Men, in spite of centuries of civilization, admire physical prowess, are attracted by colour and action. All, at times, are tired of drab civilization, all want to do something that brings into play the muscles, to get out and hew and thrust and live. There is even a desire to express one's emotions without restraint—to be lyrical in short, to hold the centre of the stage if only for a brief moment. But the men of theatre audiences are civilized, and while they admire the physical prowess of Cyrano, his activity, his independence, they admire, for totally different reasons, his wit. This is the rapier of civilization and men frequently draw it too late, having but the 'esprit de l'escalier' when the interview is over. Cyrano is as ready with his wit as with his sword and his appeal is strengthened thereby.

Women like Cyrano in spite of his ugliness—perhaps

because of it, for there is here an appeal to their charity and they feel that they would not have been so superficial as Roxane, had they been in her place. They like him because he is a poet with qualities some poets do not possess, for he happens to be at the same time a man. Physical strength— in the boxer, the wrestler, the football player, the track athlete—was ever admired by women, because of a primitive instinct that dates back to the time when a man with a club was necessary to get food, to protect life, and to guard the family. Unfortunately the professional strong man of our time frequently repels by lack of intelligence, by conceit, by vulgarity and brutality. Far from sinning in this way Cyrano adds the qualities of lyricism, wit, polish, generosity, and self-sacrifice.

He captivates so thoroughly that it would be useless to point out that Cyrano rings false from the moment he bullies a defenceless actor, who is trying to earn an honest living, to the moment he betrays a secret that he ought to have carried with him to the grave, for the sake of a dead man's memory. It would be useless and it would be unfair. Christian de Neuvillette does not interest us enough for us to worry about his memory. He is very brave, very much in love, but is after all only a necessary obstacle in the path of Cyrano. Roxane, in spite of her *préciosité*, is sufficiently human to be worth winning and, when at length she learns of the self-sacrifice of the better lover, we sit back with a contented sigh, for justice has been done, and we go home without a thought for the memory of Christian. We do this because *Cyrano* is a very clever play.

It is clever in the use of local colour—not always accurate, chronologically, as will be seen from the notes to this edition, but much more accurate than is necessary for the theatre-goer who has a good average knowledge of the time. It is clever in its staging and in using to the utmost the setting necessary to enhance a situation.

Nor are the character of Cyrano and the beauty of the staging the only sources of interest. There are passages of a very high order—the appeal to Bertrandou le Fifre and the balcony scene for example—and the play throughout shows a command of language and versification worthy of Hugo himself.

IV

AFTER 'CYRANO DE BERGERAC'

On the night of the success of *Cyrano de Bergerac* Rostand was created Chevalier de la Légion d'Honneur, and two years later Officer of the order ; the following year he was elected to the French Academy. Meanwhile his play *L'Aiglon* (1900), with Sarah Bernhardt in the title rôle, had been a great success in spite of Faguet's severity. Soon after his election to the Academy Rostand was forced to leave Paris through ill-health and, after residing for some time in the Basque country, he built at Cambo his delightful residence 'Arnaga.' There he wrote *Chantecler* (1910) and occasional verse. The beauty of his gardens, the charm of the climate, the grandeur of the Pyrenees that spread themselves along the horizon, made 'Arnaga' an ideal home for the poet—but war broke in upon his life as upon that of others. He was spared to see his compatriots surpassing Cyrano in courage and self-sacrifice on the very field of the Gascon's exploits, but died in Paris before the treaty of Peace was signed.

More than a generation has passed since Cyrano first held an audience spell-bound. It was hinted at the time that the success was due partly to certain political groups who found the play useful, partly to the fact that it came as a refreshing change to a tired public. Neither of these reasons has any weight nowadays.

In 1917 the French book-trade was almost completely disorganized. Lack of paper, lack of labour, difficulty of transportation, lack of a leisured public, had caused the publishers to refrain from reprinting books that were sold out. Yet while a 1916 copy of *Cyrano de Bergerac* bore the imprint 'quatre cent vingt-troisième mille', a 1917 copy was marked 'quatre cent trente-neuvième mille'—sixteen thousand copies in one year and with the greater part of the world at war.[1]

The reason for this popularity, at that moment, was that the people of France and the friends of France were attracted to a hero who is typically French.

The truth concerning Cyrano's character was perhaps evident in 1897, it is still more so to-day. Cyrano is the typical Frenchman with all his faults and with all his qualities. He is a poet, a lover, an idealist, but he represents also France of the critical spirit, France with her love of intellectual liberty, the France of Voltaire, of Diderot, of Sorel, of Scarron, of the real Cyrano, of Montaigne and of Rabelais ; and the arm he wields is not pedantry but wit.

And Cyrano is the France that has the courage to fight for her liberty, the France of the Revolutionary wars, of the Marne and Verdun.

And Cyrano is the France with an ideal—not an ideal carried forth to conquer the world by consul and commercial traveller, by diplomat and restaurant waiter, but an ideal deep in the heart, jeered at perhaps in public, but in private cherished and respected.

[1] More than half a million copies of the ordinary French edition have now been sold.

A SHORT BIBLIOGRAPHY

I. The Drama before and contemporary with Rostand

Giraud, J. *L'école romantique française*, Paris (Colin), 1927.
Chap. vi.

Martino, P. *Le naturalisme français*, Paris (Colin), 1923.
Chap. x.

Sée, E. *Le théâtre français contemporain*, Paris (Colin), 1928.
Chaps. i–v.

The best short survey of French dramatic literature from
1860 to 1910 is to be found in: Braunschwig, M. *La
littérature française contemporaine étudiée dans les textes*,
Paris, 1926, pp. 75–101.

II. The real Cyrano and his Times

Ashton, H. *A Preface to Molière*, Toronto (Longmans),
1927. For theatres, dress, army, the *précieuses* and seventeenth-century life.

Brun, P. A. *Savinien de Cyrano Bergerac*, Paris, 1893.

Cyrano de Bergerac. *Les œuvres libertines*, Ed. F. Lachèvre.
Paris, 1921. 2 vols.

——*Voyages to the Moon and the Sun*, Tr. by R. Aldington,
London (Routledge), 1924. Contains an excellent intro-
duction.

Magne, E. *Le Cyrano de l'histoire*, Paris, 1903 (2nd ed.).

Perrens, F. T. *Les libertins en France au XVII* siècle*, Paris,
1899.

III. Some Books and Articles on Rostand's Life and Works

Clarac, P. 'Lettres d'Edmond Rostand pendant la guerre'
Revue des deux mondes, 1 déc. 1928.

Doumic, R. 'Edmond Rostand' *Revue des deux mondes*,
1 déc. 1919, p. 641–652.

Faure, P. *Vingt ans d'intimité avec Edmond Rostand*, Paris, 1928.

Gérard, R. *Edmond Rostand*, Paris, 1935.

Grieve, J. W. *L'œuvre dramatique de Rostand* (Les œuvres représentatives), 1931.

Haraszti, G. *Edmond Rostand*, Paris, 1913.

Haugmard, L. *Edmond Rostand*, Paris, 1910.

Lerouge, R. 'Edmond Rostand intime' *Revue des deux mondes*, 1 et 15 avril 1930.

Suberville, J. *Le théâtre d'Edmond Rostand*, Paris, 1919.

IV. Some Articles on 'Cyrano de Bergerac'

(*a*) In French:

Doumic, R., in *Revue des deux mondes*, fév. 1898.

Faguet, E. *Propos de théâtre*, 4ᵉ série, Paris, 1907.

Hérold, in *Mercure de France*, fév. 1898.

Lemaître, J., in *Revue des deux mondes*, 1898, pp. 694–707.

(*b*) In English:

Chesterton, G. K. *Twelve Types*, London, 1903.

Gosse, E. 'The Revival of poetic drama' *Atlantic Monthly*, Aug. 1902.

Sedgwick, E. 'Edmond Rostand' *Atlantic Monthly*, 1898, pp. 826–833.

PERSONNAGES:

CYRANO DE BERGERAC

CHRISTIAN DE NEU-
    VILLETTE

COMTE DE GUICHE

RAGUENEAU

LE BRET

LE CAPITAINE CARBON DE
    CASTEL-JALOUX

LES CADETS

LIGNIÈRE

DE VALVERT

UN MARQUIS

DEUXIÈME MARQUIS

TROISIÈME MARQUIS

MONTFLEURY

BELLEROSE

JODELET

CUIGY

BRISSAILLE

UN FACHEUX

UN MOUSQUETAIRE

UN AUTRE

UN OFFICIER ESPAGNOL

UN CHEVAU-LÉGER

LE PORTIER

UN BOURGEOIS

SON FILS

UN TIRE-LAINE

UN SPECTATEUR

UN GARDE

BERTRANDOU LE FIFRE

LE CAPUCIN

DEUX MUSICIENS

LES POÈTES

LES PATISSIERS

ROXANE

SŒUR MARTHE

LISE

LA DISTRIBUTRICE DES
    DOUCES LIQUEURS

MÈRE MARGUERITE DE
    JÉSUS

LA DUÈGNE

SŒUR CLAIRE

UNE COMÉDIENNE

LA SOUBRETTE

LES PAGES

LA BOUQUETIÈRE

La foule, bourgeois, marquis, mousquetaires, tire-laine, pâtissiers, poètes, cadets gascons, comédiens, violons, pages, enfants, soldats, espagnols, spectateurs, spectatrices, précieuses,
comédiennes, bourgeoises, religieuses, etc.

(Les quatre premiers actes en 1640, *le cinquième en* 1655.)

written 1897 - great success
parallel to the age of the Stuarts
v. diff from a Racine tragedy.

PREMIER ACTE

UNE REPRÉSENTATION A L'HOTEL DE BOURGOGNE
performance

PREMIER ACTE

UNE REPRÉSENTATION

A L'HOTEL DE BOURGOGNE

La salle de l'Hôtel de Bourgogne, en 1640. Sorte de hangar de jeu de paume aménagé et embelli pour des représentations.

La salle est un carré long ; on la voit en biais, de sorte qu'un de ses côtés forme le fond qui part du premier plan, à droite, et va au dernier plan, à gauche, faire angle avec la scène, qu'on aperçoit en pan coupé.

Cette scène est encombrée, des deux côtés, le long des coulisses, par des banquettes. Le rideau est formé par deux tapisseries qui peuvent s'écarter. Au-dessus du manteau d'Arlequin, les armes royales. On descend de l'estrade dans la salle par de larges marches. De chaque côté de ces marches, la place des violons. Rampe de chandelles.

Deux rangs superposés de galeries latérales : le rang supérieur est divisé en loges. Pas de sièges au parterre, qui est la scène même du théâtre ; au fond de ce parterre, c'est-à-dire à droite, premier plan, quelques bancs formant gradins et, sous un escalier qui monte vers des places supérieures, et dont on ne voit que le départ, une sorte de buffet orné de petits lustres, de vases fleuris, de verres de cristal, d'assiettes de gâteaux, de flacons, etc.

Au fond, au milieu, sous la galerie de loges, l'entrée du théâtre. Grande porte qui s'entre-bâille pour laisser passer les spectateurs. Sur les battants de cette porte, ainsi que dans plusieurs coins et au-dessus du buffet, des affiches rouges sur lesquelles on lit : *La Clorise*.

Au lever du rideau, la salle est dans une demi-obscurité, vide encore. Les lustres sont baissés au milieu du parterre, attendant d'être allumés.

SCÈNE PREMIÈRE

Le Public, qui arrive peu à peu. Cavaliers, Bourgeois,
Laquais, Pages, Tire-laine, Le Portier, etc., puis les
Marquis, CUIGY, BRISSAILLE, La Distributrice, les
Violons, etc.

(On entend derrière la porte un tumulte de voix, puis un cavalier
entre brusquement.)

LE PORTIER, le poursuivant.

Holà ! vos quinze sols !

LE CAVALIER

J'entre gratis !

LE PORTIER

Pourquoi ?

LE CAVALIER

Je suis chevau-léger de la maison du Roi !

LE PORTIER, à un autre cavalier qui vient d'entrer.

Vous ?

DEUXIÈME CAVALIER

Je ne paye pas !

LE PORTIER

Mais...

DEUXIÈME CAVALIER

Je suis mousquetaire.

PREMIER CAVALIER, au deuxième.

On ne commence qu'à deux heures. Le parterre
Est vide. Exerçons-nous au fleuret.

(Ils font des armes avec des fleurets qu'ils ont apportés.)

UN LAQUAIS, entrant.

Pst... Flanquin...

UN AUTRE, déjà arrivé.

Champagne ?...

LE PREMIER, lui montrant des jeux qu'il sort de son pourpoint.
Cartes. Dés.
(Il s'assied par terre.)
Jouons.

LE DEUXIÈME, même jeu.
Oui, mon coquin.

PREMIER LAQUAIS, tirant de sa poche un bout de chandelle
qu'il allume et colle par terre.

J'ai soustrait à mon maître un peu de luminaire.

UN GARDE, à une bouquetière qui s'avance.

C'est gentil de venir avant que l'on n'éclaire !...
(Il lui prend la taille.)

UN DES BRETTEURS, recevant un coup de fleuret.
Touche !

UN DES JOUEURS.
Trèfle !

LE GARDE, poursuivant la fille.
Un baiser !

LA BOUQUETIÈRE, se dégageant.
On voit !...

LE GARDE, l'entraînant dans les coins sombres.
Pas de danger !

UN HOMME, s'asseyant par terre avec d'autres porteurs de
provisions de bouche.

Lorsqu'on vient en avance, on est bien pour manger.

UN BOURGEOIS, conduisant son fils.

Plaçons-nous là, mon fils.

UN JOUEUR.
Brelan d'as !

UN HOMME, tirant une bouteille de sous son manteau et
s'asseyant aussi.
Un ivrogne

Doit boire son bourgogne...
(Il boit.)
à l'hôtel de Bourgogne !

LE BOURGEOIS, à son fils.

Ne se croirait-on pas en quelque mauvais lieu ?
(Il montre l'ivrogne du bout de sa canne.)
Buveurs...

(En rompant, un des cavaliers le bouscule.)
Bretteurs !

(Il tombe au milieu des joueurs.)
Joueurs !

LE GARDE, derrière lui, lutinant toujours la femme.

Un baiser !

LE BOURGEOIS, éloignant vivement son fils.

Jour de Dieu !

— Et penser que c'est dans une salle pareille
Qu'on joua du Rotrou, mon fils !

LE JEUNE HOMME.

Et du Corneille !

UNE BANDE DE PAGES, se tenant par la main, entre en farandole
et chante.

Tra la la la la la la la la la lère...

LE PORTIER, sévèrement aux pages.

Les pages, pas de farce !...

PREMIER PAGE, avec une dignité blessée.

Oh ! Monsieur ! ce soupçon !...

(Vivement au deuxième, dès que le portier a tourné le dos.)
As-tu de la ficelle ?

LE DEUXIÈME.

Avec un hameçon.

PREMIER PAGE.

On pourra de là-haut pêcher quelque perruque.

UN TIRE-LAINE, groupant autour de lui plusieurs hommes
de mauvaise mine.

Or ça, jeunes escrocs, venez qu'on vous éduque :
Puis donc que vous volez pour la première fois...

DEUXIÈME PAGE, criant à d'autres pages aux galeries supérieures.

Hep ! Avez-vous des sarbacanes ?

TROISIÈME PAGE.

Et des pois !

(Il souffle et les crible de pois.)

LE JEUNE HOMME, à son père.

Que va-t-on nous jouer ?

LE BOURGEOIS.

Clorise.

LE JEUNE HOMME.

De qui est-ce ?

LE BOURGEOIS.

De monsieur Balthazar Baro. C'est une pièce !...

(Il remonte au bras de son fils.)

lace LE TIRE-LAINE, à ses acolytes.

...La dentelle surtout des canons, coupez-la !

UN SPECTATEUR, à un autre, lui montrant une encoignure élevée.

Tenez, à la première du *Cid*, j'étais là ! *written by Corneille 1636*

LE TIRE-LAINE, faisant avec ses doigts le geste de subtiliser.

Les montres...

LE BOURGEOIS, redescendant, à son fils.

Vous verrez des acteurs très illustres...

LE TIRE-LAINE, faisant le geste de tirer par petites
secousses furtives.

Les mouchoirs...

LE BOURGEOIS.

Montfleury...

QUELQU'UN, criant de la galerie supérieure.

Allumez donc les lustres !

LE BOURGEOIS.

... Bellerose, l'Epy, la Beaupré, Jodelet !

UN PAGE, au parterre.

Ah ! voici la distributrice !...

LA DISTRIBUTRICE, paraissant derrière le buffet.

Oranges, lait,

Eau de framboise, aigre de cèdre...

(Brouhaha à la porte.)

2

UNE VOIX DE FAUSSET.

Place, brutes !

UN LAQUAIS, s'étonnant.

Les marquis !... au parterre ?...

UN AUTRE LAQUAIS.

Oh ! pour quelques minutes.

(Entre une bande de petits marquis.)

UN MARQUIS, voyant la salle à moitié vide.

Hé quoi ! Nous arrivons ainsi que les drapiers,
Sans déranger les gens ? sans marcher sur les pieds ?
Ah ! fi ! fi ! fi !

(Il se trouve devant d'autres gentilshommes entrés peu avant.)

Cuigy ! Brissaille !

(Grandes embrassades.)

CUIGY.

Des fidèles !...

Mais oui, nous arrivons devant que les chandelles...

LE MARQUIS.

Ah ! ne m'en parlez pas ! Je suis dans une humeur...

UN AUTRE.

Console-toi, marquis, car voici l'allumeur !

LA SALLE, saluant l'entrée de l'allumeur.

Ah !...

(On se groupe autour des lustres qu'il allume. Quelques personnes ont pris place aux galeries. Lignière entre au parterre, donnant le bras à Christian de Neuvillette. Lignière, un peu débraillé, figure d'ivrogne distingué. Christian, vêtu élégamment, mais d'une façon un peu démodée, paraît préoccupé et regarde les loges.)

SCÈNE II

Les mêmes, CHRISTIAN, LIGNIÈRE, puis RAGUENEAU
et LE BRET.

CUIGY.

Lignière !

BRISSAILLE, riant.

Pas encore gris !...

LIGNIÈRE, bas à Christian.

Je vous présente ?

(Signe d'assentiment de Christian.)

Baron de Neuvillette.

(Saluts.)

LA SALLE, acclamant l'ascension du premier lustre allumé.

Ah !

CUIGY, à Brissaille, en regardant Christian.

La tête est charmante !

PREMIER MARQUIS, qui a entendu.

Peuh !...

LIGNIÈRE, présentant à Christian.

Messieurs de Cuigy, de Brissaille...

CHRISTIAN, s'inclinant.

Enchanté !...

PREMIER MARQUIS, au deuxième.

Il est assez joli, mais n'est pas ajusté
Au dernier goût.

LIGNIÈRE, à Cuigy.

Monsieur débarque de Touraine.

CHRISTIAN.

Oui, je suis à Paris depuis vingt jours à peine.
J'entre aux gardes demain, dans les Cadets.

PREMIER MARQUIS, regardant les personnes qui entrent
dans les loges.

Voilà

La présidente Aubry !

LA DISTRIBUTRICE.

Oranges, lait...

LES VIOLONS, s'accordant.

La... la...

CUIGY, à Christian, lui désignant la salle qui se garnit.

Du monde !

CHRISTIAN.

Eh ! oui, beaucoup.

PREMIER MARQUIS.

Tout le bel air !

(Ils nomment les femmes à mesure qu'elles entrent, très parées, dans les loges. Envois de saluts, réponses de sourires.)

DEUXIÈME MARQUIS.

Mesdames

De Guéméné...

CUIGY.

De Bois-Dauphin...

PREMIER MARQUIS.

Que nous aimâmes...

BRISSAILLE.

De Chavigny...

DEUXIÈME MARQUIS.

Qui de nos cœurs va se jouant !

LIGNIÈRE.

Tiens, monsieur de Corneille est arrivé de Rouen.

LE JEUNE HOMME, à son père.

L'Académie est là ?

LE BOURGEOIS.

Mais... j'en vois plus d'un membre ;
Voici Boudu, Boissat, et Cureau de la Chambre ;
Porchères, Colomby, Bourzeys, Bourdon, Arbaud...
Tous ces noms dont pas un ne mourra, que c'est beau !

PREMIER MARQUIS.

Attention ! nos précieuses prennent place :
Barthénoïde, Urimédonte, Cassandace,
Félixérie...

DEUXIÈME MARQUIS, se pâmant.

Ah ! Dieu ! leurs surnoms sont exquis !
Marquis, tu les sais tous ?

PREMIER MARQUIS.

Je les sais tous, marquis !

LIGNIÈRE, prenant Christian à part.

Mon cher, je suis entré pour vous rendre service :
La dame ne vient pas. Je retourne à mon vice !

CHRISTIAN, suppliant.

Non !... Vous qui chansonnez et la ville et la cour,
Restez : Vous me direz pour qui je meurs d'amour.

LE CHEF DES VIOLONS, frappant sur son pupitre, avec son archet.
Messieurs les violons !...   *rostrum*

(Il lève son archet.)

LA DISTRIBUTRICE. — *usherette*
Macarons, citronnée...

(Les violons commencent à jouer.)

CHRISTIAN.

J'ai peur qu'elle ne soit coquette et raffinée,
Je n'ose lui parler car je n'ai pas d'esprit.
Le langage aujourd'hui qu'on parle et qu'on écrit,
Me trouble. Je ne suis qu'un bon soldat timide.
— Elle est toujours à droite, au fond : la loge vide.

LIGNIÈRE, faisant mine de sortir. *makes*
Je pars.   *pretending*

CHRISTIAN, le retenant encore.
Oh ! non, restez !

LIGNIÈRE.
Je ne peux. D'Assoucy
M'attend au cabaret. On meurt de soif, ici.

LA DISTRIBUTRICE, passant devant lui avec un plateau.
Orangeade ?

LIGNIÈRE.
Fi !

LA DISTRIBUTRICE.
Lait ?

LIGNIÈRE.
Pouah !

LA DISTRIBUTRICE.
Rivesalte ? *good wine*

LIGNIÈRE.
Halte !

(A Christian.)
Je reste encore un peu. — Voyons ce rivesalte ?

(Il s'assied près du buffet. La distributrice lui verse du rivesalte.)

CRIS, dans le public à l'entrée d'un petit homme grassouillet
et réjoui.

Ah ! Ragueneau !...

LIGNIÈRE, à Christian.

Le grand rôtisseur Ragueneau.

RAGUENEAU, costume de pâtissier endimanché, s'avançant
vivement vers Lignière.

Monsieur, avez-vous vu Monsieur de Cyrano ?

LIGNIÈRE, présentant Ragueneau à Christian.

Le pâtissier des comédiens et des poètes !

RAGUENEAU, se confondant.

Trop d'honneur...

LIGNIÈRE.

Taisez-vous, Mécène que vous êtes !

RAGUENEAU.

Oui, ces messieurs chez moi se servent...

LIGNIÈRE.

A crédit.

Poète de talent lui-même...

RAGUENEAU.

Ils me l'ont dit.

LIGNIÈRE.

Fou de vers !

RAGUENEAU.

Il est vrai que pour une odelette...

LIGNIÈRE.

Vous donnez une tarte...

RAGUENEAU.

Oh ! une tartelette !

LIGNIÈRE.

Brave homme, il s'en excuse ! Et pour un triolet
Ne donnâtes-vous pas ?...

RAGUENEAU.

Des petits pains !

LIGNIÈRE, sévèrement.

Au lait.

— Et le théâtre ! vous l'aimez ?

RAGUENEAU.

Je l'idolâtre.

LIGNIÈRE.

Vous payez en gâteaux vos billets de théâtre !
Votre place, aujourd'hui, là, voyons, entre nous,
Vous a coûté combien ?

RAGUENEAU.

Quatre flans. Quinze choux.

(Il regarde de tous côtés.)
Monsieur de Cyrano n'est pas là ? Je m'étonne.

LIGNIÈRE.

Pourquoi ?

RAGUENEAU.

Montfleury joue !

LIGNIÈRE.

En effet, cette tonne
Va nous jouer ce soir le rôle de Phédon.
Qu'importe à Cyrano ?

RAGUENEAU.

Mais vous ignorez donc ?
Il fit à Montfleury, messieurs, qu'il prit en haine,
Défense, pour un mois, de reparaître en scène.

LIGNIERE, qui en est à son quatrième petit verre.
Eh bien ?

RAGUENEAU.

Montfleury, joue !

CUIGY, qui s'est rapproché de son groupe.

Il n'y peut rien.

RAGUENEAU.

Oh ! oh !

Moi, je suis venu voir !

PREMIER MARQUIS.
Quel est ce Cyrano ?

CUIGY.
C'est un garçon versé dans les colichemardes.

DEUXIÈME MARQUIS.
Noble ?

CUIGY.
Suffisamment. Il est cadet aux gardes.
(Montrant un gentilhomme qui va et vient dans la salle comme s'il cherchait quelqu'un.)
Mais son ami Le Bret peut vous dire...

(Il appelle.)
Le Bret !

(Le Bret descend vers eux.)
Vous cherchez Bergerac ?

LE BRET.
Oui, je suis inquiet !...

CUIGY.
N'est-ce pas que cet homme est des moins ordinaires ?

LE BRET, avec tendresse.
Ah ! c'est le plus exquis des êtres sublunaires !

RAGUENEAU.
Rimeur !

CUIGY.
Bretteur !

BRISSAILLE.
Physicien !

LE BRET.
Musicien !

LIGNIÈRE.
Et quel aspect hétéroclite que le sien !

RAGUENEAU.
Certes, je ne crois pas que jamais nous le peigne
Le solennel Monsieur Philippe de Champaigne ;
Mais bizarre, excessif, extravagant, falot,

Il eût fourni je pense, à feu Jacques Callot
Le plus fol spadassin à mettre entre ses masques :
Feutre à panache triple et pourpoint à six basques,
Cape que par derrière, avec pompe, l'estoc
Lève, comme une queue insolente de coq,
Plus fier que tous les Artabans dont la Gascogne
Fut et sera toujours l'alme Mère Gigogne,
Il promène, en sa fraise à la Pulcinella,
Un nez !... Ah ! messeigneurs, quel nez que ce nez-là !...
On ne peut voir passer un pareil nasigère
Sans s'écrier : « Oh ! non, vraiment, il exagère ! »
Puis on sourit, on dit : « Il va l'enlever... » Mais
Monsieur de Bergerac ne l'enlève jamais.

LE BRET, hochant la tête.

Il le porte, — et pourfend quiconque le remarque !

RAGUENEAU, fièrement.

Son glaive est la moitié des ciseaux de la Parque !

PREMIER MARQUIS, haussant les épaules.

Il ne viendra pas !

RAGUENEAU.

Si !... Je parie un poulet

A la Ragueneau !

LE MARQUIS, riant.

Soit !

(Rumeurs d'admiration dans la salle. Roxane vient de paraître
dans sa loge. Elle s'assied sur le devant, sa duègne prend place
au fond. Christian, occupé à payer la distributrice, ne regarde
pas.)

DEUXIÈME MARQUIS, avec des petits cris.

Ah ! messieurs ! mais elle est
Epouvantablement ravissante !

PREMIER MARQUIS.

Une pêche
Qui sourirait avec une fraise !

DEUXIÈME MARQUIS.

Et si fraîche
Qu'on pourrait, l'approchant, prendre un rhume de cœur !

CHRISTIAN, lève la tête, aperçoit Roxane, et saisit vivement
Lignière par le bras

C'est elle !

LIGNIÈRE, regardant.

Ah ! c'est elle ?...

CHRISTIAN.

Oui. Dites vite. J'ai peur.

LIGNIÈRE, dégustant son rivesalte à petits coups.

Magdeleine Robin, dite Roxane. — Fine.
Précieuse.

CHRISTIAN.

Hélas !

LIGNIÈRE.

Libre. Orpheline. Cousine
De Cyrano, — dont on parlait...

(A ce moment un seigneur très élégant, le cordon bleu en
sautoir, entre dans la loge et, debout, cause un instant avec
Roxane.)

CHRISTIAN, tressaillant.

Cet homme ?...

LIGNIÈRE, qui commence à être gris, clignant de l'œil.

Hé ! Hé !...

— Comte de Guiche. Epris d'elle. Mais marié
A la nièce d'Armand de Richelieu. Désire
Faire épouser Roxane à certain triste sire,
Un monsieur de Valvert, vicomte... et complaisant.
Elle n'y souscrit pas, mais de Guiche est puissant :
Il peut persécuter une simple bourgeoise.
D'ailleurs j'ai dévoilé sa manœuvre sournoise
Dans une chanson qui... Ho ! il doit m'en vouloir !
— La fin était méchante... Ecoutez...

(Il se lève en titubant, le verre haut, prêt à chanter.)

CHRISTIAN.

Non. Bonsoir.

LIGNIÈRE.

Vous allez ?

CHRISTIAN.

Chez monsieur de Valvert !

LIGNIÈRE.

Prenez garde :
C'est lui qui vous tuera !
(Lui désignant du coin de l'œil Roxane.)

Restez. On vous regarde.

CHRISTIAN.
C'est vrai !

(Il reste en contemplation. Le groupe de tire-laine, à partir de ce moment, le voyant la tête en l'air et bouche bée, se rapproche de lui.)

LIGNIÈRE.

C'est moi qui pars. J'ai soif ! Et l'on m'attend — Dans les tavernes !
(Il sort en zigzaguant.)

LE BRET, qui a fait le tour de la salle, revenant vers Ragueneau, d'une voix rassurée.

Pas de Cyrano.

RAGUENEAU, incrédule.

Pourtant...

LE BRET.
Ah ! je veux espérer qu'il n'a pas vu l'affiche !

LA SALLE.
Commencez ! Commencez !

SCÈNE III

Les Mêmes, moins Lignière ; DE GUICHE, VALVERT, puis MONTFLEURY.

UN MARQUIS, voyant de Guiche, qui descend de la loge de Roxane, traverse le parterre, entouré de seigneurs obséquieux, parmi lesquels le vicomte de Valvert.

Quelle cour, ce de Guiche !

UN AUTRE.
Fi !... Encore un Gascon !

LE PREMIER.
                    Le Gascon souple et froid,
Celui qui réussit !... Saluons-le, crois-moi.
    (Ils vont vers de Guiche.)

DEUXIÈME MARQUIS.
Les beaux rubans ! Quelle couleur, comte de Guiche ?
Baise-moi-ma-mignonne ou bien *Ventre-de-Biche* ?

DE GUICHE.
C'est couleur *Espagnol malade*.

PREMIER MARQUIS.
                    La couleur
Ne ment pas, car bientôt, grâce à votre valeur,
L'Espagnol ira mal, dans les Flandres !

DE GUICHE.
                    Je monte
Sur scène. Venez-vous ?
    (Il se dirige, suivi de tous les marquis et gentilshommes,
    vers le théâtre. Il se retourne et appelle.)
                    Viens, Valvert !

CHRISTIAN, qui les écoute et les observe, tressaille en
                entendant ce nom.
                    Le vicomte !
Ah ! je vais lui jeter à la face mon...
    (Il met la main dans sa poche, et y rencontre celle d'un
    tire-laine en train de le dévaliser. Il se retourne.)
                    Hein ?
LE TIRE-LAINE.
Ay !...
            CHRISTIAN, sans le lâcher.
    Je cherchais un gant !

        LE TIRE-LAINE, avec un sourire piteux.
                    Vous trouvez une main.
    (Changeant de ton, bas et vite.)
Lâchez-moi. Je vous livre un secret.

            CHRISTIAN, le tenant toujours.
                    Quel ?

LE TIRE-LAINE.

                                             Lignière...

Qui vous quitte...

CHRISTIAN, de même.
Eh bien ?

LE TIRE-LAINE.

                    ...touche à son heure dernière.
Une chanson qu'il fit blessa quelqu'un de grand,
Et cent hommes — j'en suis — ce soir sont postés !...

CHRISTIAN.

                                           Cent !

Par qui ?

LE TIRE-LAINE.
Discrétion...

CHRISTIAN, haussant les épaules.
Oh !

LE TIRE-LAINE, avec beaucoup de dignité.
Professionnelle !

CHRISTIAN.
Où sont-ils postés ?

LE TIRE-LAINE.
A la porte de Nesle.
Sur son chemin. Prévenez-le !

CHRISTIAN, qui lui lâche enfin le poignet.
Mais où le voir ?

LE TIRE-LAINE.
Allez courir tous les cabarets : *le Pressoir*
D'Or, la Pomme de Pin, la Ceinture qui craque,
Les Deux Torches, les Trois Entonnoirs, — et dans chaque,
Laissez un petit mot d'écrit l'avertissant.

CHRISTIAN.
Oui, je cours ! Ah ! les gueux ! Contre un seul homme, cent!

(Regardant Roxane avec amour.)

La quitter... elle !

                (Avec fureur, Valvert.)

            Et lui !... — Mais il faut que je sauve

Lignière !...

      (Il sort en courant. — De Guiche, le vicomte, les marquis, tous les gentilshommes ont disparu derrière le rideau pour prendre place sur les banquettes de la scène. Le parterre est complètement rempli. Plus une place vide aux galeries et aux loges.)

                LA SALLE.

     Commencez.

UN BOURGEOIS, dont la perruque s'envole au bout d'une ficelle, pêchée par un page de la galerie supérieure.

             Ma perruque !

          CRIS DE JOIE.

                    Il est chauve !...

Bravo, les pages !... Ha ! ha ! ha !...

        LE BOURGEOIS, furieux, montrant le poing.

              Petit gredin !

   RIRES ET CRIS, qui commencent très fort et vont décroissant.

Ha ! ha ! ha ! ha ! ha ! ha !

           (Silence complet.)

         LE BRET, étonné.

            Ce silence soudain ?...

(Un spectateur lui parle bas.)

Ah ?...

         LE SPECTATEUR.

     La chose me vient d'être certifiée.

        MURMURES, qui courent.

Chut ! — Il paraît ?... — Non !... — Si ! — Dans la loge

                    [grillée. —

Le Cardinal ! — Le Cardinal ? — Le Cardinal !

          UN PAGE.

Ah ! diable, on ne va pas pouvoir se tenir mal !...

    (On frappe sur la scène. Tout le monde s'immobilise. Attente.)

LA VOIX D'UN MARQUIS, dans le silence, derrière le rideau.

Mouchez cette chandelle !

UN AUTRE MARQUIS, passant la tête par la fente du rideau.

Une chaise !

(Une chaise est passée, de main en main, au-dessus des têtes. Le marquis la prend et disparaît, non sans avoir envoyé quelques baisers aux loges.)

UN SPECTATEUR.

Silence !

On refrappe les trois coups. Le rideau s'ouvre. Tableau. Les marquis assis sur les côtés, dans des poses insolentes. Toile de fond représentant un décor bleuâtre de pastorale. Quatre petits lustres de cristal éclairent la scène. Les violons jouent doucement.)

LE BRET, à Ragueneau, bas.

Montfleury entre en scène ?

RAGUENEAU, bas aussi.

Oui, c'est lui qui commence,

LE BRET.

Cyrano n'est pas là.

RAGUENEAU.

J'ai perdu mon pari.

LE BRET.

Tant mieux ! tant mieux !

(On entend un air de musette, et Montfleury paraît en scène, énorme, dans un costume de berger de pastorale, un chapeau garni de roses penché sur l'oreille, et soufflant dans une cornemuse enrubannée.)

LE PARTERRE, applaudissant.

Bravo, Montfleury ! Montfleury !

MONTFLEURY, après avoir salué, jouant le rôle de Phédon.

« *Heureux qui loin des cours, dans un lieu solitaire,*
Se prescrit à soi-même un exil volontaire,
Et qui, lorsque Zéphire a soufflé sur les bois... »

UNE VOIX, au milieu du parterre.

Coquin, ne t'ai-je pas interdit pour un mois ?

(Stupeur. Tout le monde se retourne. Murmures.)

VOIX DIVERSES.

Hein ? — Quoi ? — Qu'est-ce ?...

(On se lève dans les loges, pour voir.)

CUIGY.

C'est lui !

LE BRET, terrifié.

Cyrano !

LA VOIX.

Roi des pitres,

Hors de scène à l'instant !

TOUTE LA SALLE, indignée.

Oh !

MONTFLEURY.

Mais...

LA VOIX.

Tu récalcitres ?

VOIX DIVERSES, du parterre, des loges.

Chut! — Assez! — Montfleury, jouez! — Ne craignez
[rien!...

MONTFLEURY, d'une voix mal assurée.

« Heureux qui loin des cours dans un lieu sol... »

LA VOIX, plus menaçante.

Eh bien ?

Faudra-t-il que je fasse, ô Monarque des drôles,
Une plantation de bois sur vos épaules ?

(Une canne au bout d'un bras jaillit au-dessus des têtes.)

MONTFLEURY, d'une voix de plus en plus faible.

« Heureux qui... »

(La canne s'agite.)

LA VOIX.

Sortez !

LE PARTERRE.

Oh !

MONTFLEURY, s'étranglant.

«*Heureux qui loin des cours...*»

CYRANO, surgissant du parterre, debout sur une chaise, les bras croisés, le feutre en bataille, la moustache hérissée, le nez terrible.

Ah ! je vais me fâcher !...

(Sensation à sa vue.)

SCÈNE IV

Les Mêmes, CYRANO, puis BELLEROSE, JODELET.

MONTFLEURY, aux marquis.

Venez à mon secours,

Messieurs !

UN MARQUIS, nonchalamment.

Mais jouez donc !

CYRANO.

Gros homme, si tu joues
Je vais être obligé de te fesser les joues !

LE MARQUIS.

Assez !

CYRANO.

Que les marquis se taisent sur leurs bancs,
Ou bien je fais tâter ma canne à leurs rubans !

TOUS LES MARQUIS, debout.

C'en est trop !... Montfleury...

CYRANO.

Que Montfleury s'en aille.
Ou bien je l'essorille et le désentripaille !

UNE VOIX.

Mais...

CYRANO.

Qu'il sorte !

UNE AUTRE VOIX.

Pourtant...

CYRANO.

Ce n'est pas encor fait ?

(Avec le geste de retrousser ses manches.)

Bon ! je vais sur la scène en guise de buffet,
Découper cette mortadelle d'Italie !

MONTFLEURY, rassemblant toute sa dignité.

En m'insultant, Monsieur, vous insultez Thalie !

CYRANO, très poli.

Si cette Muse, à qui, Monsieur, vous n'êtes rien,
Avait l'honneur de vous connaître, croyez bien
Qu'en vous voyant si gros et bête comme une urne,
Elle vous flanquerait quelque part son cothurne.

LE PARTERRE.

Montfleury ! — Montfleury ! — La pièce de Baro ! —

CYRANO, à ceux qui crient autour de lui.

Je vous en prie, ayez pitié de mon fourreau :
Si vous continuez, il va rendre sa lame !

(Le cercle s'élargit.)

LA FOULE, reculant.

Hé ! là !...

CYRANO, à Montfleury.

Sortez de scène !

LA FOULE, se rapprochant et grondant.

Oh ! oh !

CYRANO, se retournant vivement.

Quelqu'un réclame ?

(Nouveau recul.)

UNE VOIX, chantant au fond.

Monsieur de Cyrano
Vraiment nous tyrannise,
Malgré ce tyranneau
On jouera *la Clorise*.

TOUTE LA SALLE, chantant.
La Clorise ! La Clorise !...

CYRANO.

Si j'entends une fois encor cette chanson,
Je vous assomme tous.

UN BOURGEOIS.

Vous n'êtes pas Samson !

CYRANO.

Voulez-vous me prêter, Monsieur, votre mâchoire ?

UNE DAME, dans les loges.

C'est inouï !

UN SEIGNEUR.

C'est scandaleux !

UN BOURGEOIS.

C'est vexatoire !

UN PAGE.

Ce qu'on s'amuse !

LE PARTERRE.

Kss ! — Montfleury ! — Cyrano !

CYRANO.

Silence !

LE PARTERRE, en délire.

Hi han ! Bêê ! Ouah, ouah ! Cocorico !

CYRANO.

Je vous...

UN PAGE.

Miâou !

CYRANO.

Je vous ordonne de vous taire !
Et j'adresse un défi collectif au parterre !
— J'inscris les noms ! — Approchez-vous, jeunes héros !
Chacun son tour ! — Je vais donner des numéros ! —
Allons, quel est celui qui veut ouvrir la liste ?
Vous, Monsieur ? Non ! Vous ? Non ! Le premier duelliste,
Je l'expédie avec les honneurs qu'on lui doit !
— Que tous ceux qui veulent mourir lèvent le doigt.

(Silence.)

La pudeur vous défend de voir ma lame nue ?
Pas un nom ? Pas un doigt ? — C'est bien. Je continue.

(Se retournant vers la scène où Montfleury attend avec angoisse.)

Donc, je désire voir le théâtre guéri
De cette fluxion. Sinon...

(La main à son épée.)

le bistouri !

MONTFLEURY.

Je...

CYRANO, descend de sa chaise, s'assied au milieu du rond qui s'est
formé, s'installe comme chez lui.

Mes mains vont frapper trois claques, pleine lune !
Vous vous éclipserez à la troisième.

LE PARTERRE, amusé.

Ah ?

CYRANO, frappant dans ses mains.

Une !

MONTFLEURY.

Je...

UNE VOIX, des loges.

Restez !

LE PARTERRE.

Restera... restera pas...

MONTFLEURY.

Je crois,

Messieurs...

CYRANO.

Deux !

MONTFLEURY.

Je suis sûr qu'il vaudrait mieux que...

CYRANO.

Trois !

(Montfleury disparaît comme dans une trappe. Tempête de
rires, de sifflets et de huées.)

LA SALLE.

Hu !... hu !... Lâche !... Reviens !...

CYRANO, épanoui, se renverse sur sa chaise, et croise ses jambes.

Qu'il revienne, s'il l'ose !

UN BOURGEOIS.

L'orateur de la troupe !

(Bellerose s'avance et salue.)

LES LOGES.

Ah !... Voilà Bellerose !

BELLEROSE, avec élégance.

Nobles Seigneurs...

LE PARTERRE.
Non ! Non ! Jodelet !

JODELET, s'avance, et, nasillard.
Tas de veaux !

LE PARTERRE.
Ah ! Ah ! Bravo ! très bien ! bravo !

JODELET.
Pas de bravos !
Le gros tragédien dont vous aimez le ventre
S'est senti...

LE PARTERRE.
C'est un lâche !

JODELET.
Il dut sortir !

LE PARTERRE.
Qu'il rentre !

LES UNS.
Non !

LES AUTRES.
Si !

UN JEUNE HOMME, à Cyrano.
Mais à la fin, monsieur, quelle raison
Avez-vous de haïr Montfleury ?

CYRANO, gracieux, toujours assis.
Jeune oison,
J'ai deux raisons, dont chaque est suffisante seule.
Primo : c'est un acteur déplorable qui gueule,
Et qui soulève avec des han ! de porteur d'eau,
Le vers qu'il faut laisser s'envoler ! — *Secundo* :
Est mon secret...

LE VIEUX BOURGEOIS, derrière lui.
Mais vous nous privez sans scrupule
De la *Clorise !* Je m'entête...

CYRANO, tournant sa chaise vers le bourgeois, respectueusement.

Vieille mule,
Les vers du vieux Baro valant moins que zéro,
J'interromps sans remords !

LES PRÉCIEUSES, dans les loges.

Ha ! — ho ! — Notre Baro !
Ma chère ! — Peut-on dire ?... Ah ! Dieu !...

CYRANO, tournant sa chaise vers les loges, galant.

Be vachant   Belles personnes.
Rayonnez, fleurissez, soyez des échansonnes
De rêve, d'un sourire enchantez un trépas,
Inspirez-nous des vers... mais ne les jugez pas !

BELLEROSE.

Et l'argent qu'il va falloir rendre !

CYRANO, tournant sa chaise vers la scène.

Bellerose,
Vous avez dit la seule intelligente chose !
Au manteau de Thespis je ne fais pas de trous :
        (Il se lève, et lançant un sac sur la scène.)
Attrapez cette bourse au vol, et taisez-vous !

LA SALLE, éblouie.

Ah !... Oh !...

JODELET, ramassant prestement la bourse et la soupesant.

A ce prix-là, monsieur, je t'autorise
A venir chaque jour empêcher la *Clorise !...*

LA SALLE.

Hu !... Hu !...

JODELET.

Dussions-nous même ensemble être hués !...

BELLEROSE.

Il faut évacuer la salle !...

JODELET.

Evacuez !...

(On commence à sortir, pendant que Cyrano regarde d'un air satisfait. Mais la foule s'arrête bientôt en entendant la scène suivante, et la sortie cesse. Les femmes qui, dans les loges, étaient déjà debout, leur manteau remis, s'arrêtent pour écouter, et finissent par se rasseoir.)

LE BRET, à Cyrano.

C'est fou !...

UN FACHEUX, qui s'est approché de Cyrano.

Le comédien Montfleury ! quel scandale !
Mais il est protégé par le duc de Candale !
Avez-vous un patron ?

CYRANO.

Non !

LE FACHEUX.

Vous n'avez pas ?...

CYRANO.

Non !

LE FACHEUX.

Quoi, pas un grand seigneur pour couvrir de son nom ?...

CYRANO, agacé.

Non, ai-je dit deux fois. Faut-il donc que je trisse ?
Non, pas de protecteur...

(La main à son épée.)

Mais une protectrice !

LE FACHEUX.

Mais vous allez quitter la ville ?

CYRANO.

C'est selon.

LE FACHEUX.

Mais le duc de Candale a le bras long !

CYRANO.

Moins long

Que n'est le mien...

(Montrant son épée.)

quand je lui mets cette rallonge !

LE FACHEUX.

Mais vous ne songez pas à prétendre....

CYRANO.

J'y songe.

LE FACHEUX.

Mais...

CYRANO.

Tournez les talons, maintenant.

LE FACHEUX.

Mais...

CYRANO.

Tournez !

— Ou dites-moi pourquoi vous regardez mon nez.

LE FACHEUX, ahuri.

Je...

CYRANO, marchant sur lui.

Qu'a-t-il d'étonnant ?

LE FACHEUX, reculant.

Votre Grâce se trompe...

CYRANO.

Est-il mol et ballant, monsieur, comme une trompe...

LE FACHEUX, même jeu.

Je n'ai pas...

CYRANO.

Ou crochu comme un bec de hibou ?

LE FACHEUX.

Je...

CYRANO.

Y distingue-t-on une verrue au bout ?

LE FACHEUX.

Mais...

CYRANO.

Ou si quelque mouche, à pas lents, s'y promène ?
Qu'a-t-il d'hétéroclite ?

LE FACHEUX.

Oh !...

CYRANO.

Est-ce un phénomène ?

LE FACHEUX.

Mais d'y porter les yeux j'avais su me garder !

CYRANO.

Et pourquoi, s'il vous plaît, ne pas le regarder ?

LE FACHEUX.

J'avais...

CYRANO.

Il vous dégoûte alors ?

LE FACHEUX.

Monsieur...

CYRANO.

Malsaine

Vous semble sa couleur ?

LE FACHEUX.

Monsieur !

CYRANO.

Sa forme, obcène ?

LE FACHEUX.

Mais du tout !...

CYRANO.

Pourquoi donc prendre un air dénigrant ?
— Peut-être que monsieur le trouve un peu trop grand ?

LE FACHEUX, balbutiant.

Je le trouve petit, tout petit, minuscule !

CYRANO.

Hein ? comment ? m'accuser d'un pareil ridicule !
Petit, mon nez ? Holà !

LE FACHEUX.
Ciel !

CYRANO.

Enorme, mon nez !
— Vil camus, sot camard, tête plate, apprenez
Que je m'enorgueillis d'un pareil appendice.
Attendu qu'un grand nez est proprement l'indice
D'un homme affable, bon, courtois, spirituel,
Libéral, courageux, tel que je suis, et tel
Qu'il vous est interdit à jamais de vous croire,
Déplorable maraud ! car la face sans gloire
Que va chercher ma main en haut de votre col,
Est aussi dénuée...

(Il soufflette.)

LE FACHEUX.
Aï !

CYRANO.

De fierté, d'envol,
De lyrisme, de pittoresque, d'étincelle,
De somptuosité, de Nez enfin, que celle...

(Il le retourne par les épaules, joignant le geste à la parole.)

Que va chercher ma botte au bas de votre dos !

LE FACHEUX, se sauvant.

Au secours ! A la garde !

CYRANO.

                    Avis donc aux badauds
Qui trouveraient plaisant mon milieu de visage,
Et si le plaisantin est noble, mon usage
Est de lui mettre, avant de le laisser s'enfuir,
Par devant, et plus haut, du fer, et non du cuir !

DE GUICHE, qui est descendu de la scène, avec les marquis.

Mais à la fin il nous ennuie !

LE VICOMTE DE VALVERT, haussant les épaules.

                    Il fanfaronne !

DE GUICHE.

Personne ne va donc lui répondre ?

LE VICOMTE.

                    Personne ?...
Attendez ! Je vais lui lancer un de ces traits !...

(Il s'avance vers Cyrano qui l'observe, et se campant devant lui
d'un air fat.)

Vous... vous avez un nez... heu... un nez... très grand.

CYRANO, gravement.

                                        Très.

LE VICOMTE, riant.

Ha !

CYRANO, imperturbable.

    C'est tout ?...

LE VICOMTE.

Mais...

CYRANO.

    Ah ! non ! c'est un peu court, jeune homme !
On pouvait dire... Oh! Dieu!... bien des choses en somme...

En variant le ton, — par exemple, tenez :
Agressif : « Moi, monsieur, si j'avais un tel nez,
Il faudrait sur-le-champ que je me l'amputasse ! »
Amical : « Mais il doit tremper dans votre tasse !
Pour boire, faites-vous fabriquer un hanap ! »
Descriptif : « C'est un roc !... c'est un pic !... c'est un cap !
Que dis-je, c'est un cap ?... C'est une péninsule ! »
Curieux : « De quoi sert cette oblongue capsule ?
D'écritoire, monsieur, ou de boîte à ciseaux ? »
Gracieux : « Aimez-vous à ce point les oiseaux
Que paternellement vous vous préoccupâtes
De tendre ce perchoir à leurs petites pattes ? »
Truculent : « Çà, monsieur, lorsque vous pétunez,
La vapeur du tabac vous sort-elle du nez
Sans qu'un voisin ne crie au feu de cheminée ? »
Prévenant : « Gardez-vous, votre tête entraînée
Par ce poids, de tomber en avant sur le sol ! »
Tendre : « Faites-lui faire un petit parasol
De peur que sa couleur au soleil ne se fane ! »
Pédant : « L'animal seul, monsieur, qu'Aristophane
Appelle Hippocampelephantocamélos
Dut avoir sous le front tant de chair sur tant d'os ! »
Cavalier : « Quoi, l'ami, ce croc est à la mode ?
Pour pendre son chapeau, c'est vraiment très commode ! »
Emphatique : « Aucun vent ne peut, nez magistral,
T'enrhumer tout entier, excepté le mistral ! »
Dramatique : « C'est la Mer Rouge quand il saigne ! »
Admiratif : « Pour un parfumeur, quelle enseigne ! »
Lyrique : « Est-ce une conque, êtes-vous un triton ? »
Naïf : « Ce monument, quand le visite-t-on ? »
Respectueux : « Souffrez, monsieur, qu'on vous salue,
C'est là ce qui s'appelle avoir pignon sur rue ! »
Campagnard : « Hé, ardé ! C'est-y un nez ? Nanain !
C'est queuqu'navet géant ou ben queuqu'melon nain ! »
Militaire : « Pointez contre cavalerie ! »
Pratique : « Voulez-vous le mettre en loterie ?
Assurément, monsieur, ce sera le gros lot ! »
Enfin, parodiant Pyrame en un sanglot :
« Le voilà donc ce nez qui des traits de son maître
A détruit l'harmonie ! Il en rougit, le traître ! »

— Voilà ce qu'à peu près, mon cher, vous m'auriez dit
Si vous aviez un peu de lettres et d'esprit :
Mais d'esprit, ô le plus lamentable des êtres,
Vous n'en eûtes jamais un atome, et de lettres
Vous n'avez que les trois qui forment le mot : sot !
Eussiez-vous eu, d'ailleurs, l'invention qu'il faut
Pour pouvoir là, devant ces nobles galeries,
Me servir toutes ces folles plaisanteries,
Que vous n'en eussiez pas articulé le quart
De la moitié du commencement d'une, car
Je me les sers moi-même, avec assez de verve,
Mais je ne permets pas qu'un autre me les serve.

DE GUICHE, voulant emmener le vicomte pétrifié.

Vicomte, laissez donc !

LE VICOMTE, suffoqué.

Ces grands airs arrogants !
Un hobereau qui... qui... n'a même pas de gants !
Et qui sort sans rubans, sans bouffettes, sans ganses !

CYRANO.

Moi, c'est moralement que j'ai mes élégances.
Je ne m'attife pas ainsi qu'un freluquet,
Mais je suis plus soigné si je suis moins coquet ;
Je ne sortirais pas avec, par négligence,
Un affront pas très bien lavé, la conscience
Jaune encor de sommeil dans le coin de son œil,
Un honneur chiffonné, des scrupules en deuil.
Mais je marche sans rien sur moi qui ne reluise,
Empanaché d'indépendance et de franchise ;
Ce n'est pas une taille avantageuse, c'est
Mon âme que je cambre ainsi qu'en un corset,
Et tout couvert d'exploits qu'en rubans je m'attache,
Retroussant mon esprit ainsi qu'une moustache,
Je fais, en traversant les groupes et les ronds,
Sonner les vérités comme des éperons.

LE VICOMTE.

Mais, monsieur...

CYRANO.

Je n'ai pas de gants ?... la belle affaire !
Il m'en restait un seul... d'une très vieille paire !
— Lequel m'était d'ailleurs encor fort importun :
Je l'ai laissé dans la figure de quelqu'un.

LE VICOMTE.

Maraud, faquin, butor de pied plat ridicule !

CYRANO, ôtant son chapeau et saluant comme si le vicomte
venait de se présenter.

Ah ?... Et moi, Cyrano Savinien-Hercule
De Bergerac.

(Rires.)

LE VICOMTE, exaspéré.

Bouffon !

CYRANO, poussant un cri comme lorsqu'on est saisi d'une crampe.

Ay !...

LE VICOMTE, qui remontait, se retournant.

Qu'est-ce encor qu'il dit ?

CYRANO, avec des grimaces de douleur.

Il faut la remuer car elle s'engourdit...
— Ce que c'est que de la laisser inoccupée ! —
Ay !...

LE VICOMTE.

Qu'avez-vous ?

CYRANO.

J'ai des fourmis dans mon épée !

LE VICOMTE, tirant la sienne.

Soit !

CYRANO.

Je vais vous donner un petit coup charmant.

LE VICOMTE, méprisant

Poète !...

CYRANO.

Oui, monsieur, poète ! et tellement,
Qu'en ferraillant je vais — hop ! — à l'improvisade,
Vous composer une ballade.

LE VICOMTE.

Une ballade ?

CYRANO.

Vous ne vous doutez pas de ce que c'est, je crois ?

LE VICOMTE.

Mais...

CYRANO, récitant comme une leçon.

La ballade, donc, se compose de trois
Couplets de huit vers...

LE VICOMTE, piétinant.

Oh !

CYRANO, continuant.

Et d'un envoi de quatre...

LE VICOMTE.

Vous...

CYRANO.

Je vais tout ensemble en faire une et me battre,
Et vous toucher, monsieur, au dernier vers.

LE VICOMTE.

Non !

CYRANO.

Non ?

(Déclamant.)

« Ballade du duel qu'en l'hôtel bourguignon
Monsieur de Bergerac eut avec un bélître ! »

LE VICOMTE.

Qu'est-ce que c'est que ça, s'il vous plaît ?

CYRANO.

C'est le titre.

LA SALLE, surexcitée au plus haut point.

Place! — **Très amusant!** — **Rangez-vous!** — **Pas de bruits!**

(Tableau. Cercle de curieux au parterre, les marquis et les officiers mêlés aux bourgeois et aux gens du peuple ; les pages grimpés sur des épaules pour mieux voir. Toutes les femmes debout dans les loges. A droite, De Guiche et ses gentilshommes. A gauche, Le Bret, Rageneau, Cuigy, etc.)

CYRANO, fermant une seconde les yeux.

Attendez !... je choisis mes rimes... Là, j'y suis.

(Il fait ce qu'il dit, à mesure.)

> *Je jette avec grâce mon feutre,*
> *Je fais lentement l'abandon*
> *Du grand manteau qui me calfeutre,*
> *Et je tire mon espadon ;*
> *Elégant comme Céladon,*
> *Agile comme Scaramouche,*
> *Je vous préviens, cher Myrmidon,*
> *Qu'à la fin de l'envoi je touche !*

(Premiers engagements de fer.)

> *Vous auriez bien dû rester neutre ;*
> *Où vais-je vous larder, dindon ?...*
> *Dans le flanc, sous votre maheutre ?...*
> *Au cœur, sous votre bleu cordon ?...*
> *— Les coquilles tintent, ding-don !*
> *Ma pointe voltige : une mouche !*
> *Décidément... c'est au bedon,*
> *Qu'à la fin de l'envoi, je touche.*

> *Il me manque une rime en eutre...*
> *Vous rompez, plus blanc qu'amidon ?*
> *C'est pour me fournir le mot pleutre !*
> *— Tac ! je pare la pointe dont*
> *Vous espériez me faire don, —*
> *J'ouvre la ligne, — je la bouche...*
> *Tiens bien ta broche, Laridon !*
> *A la fin de l'envoi, je touche.*

(Il annonce solennellement.)

ENVOI.

Prince, demande à Dieu pardon !
Je quarte du pied, j'escarmouche,
Je coupe, je feinte...

(Se fendant.)

Hé ! la, donc !

(Le vicomte chancelle ; Cyrano salue.)

A la fin de l'envoi, je touche.

(Acclamations. Applaudissements dans les loges. Des fleurs et des mouchoirs tombent. Les officiers entourent et félicitent Cyrano. Ragueneau danse d'enthousiasme. Le Bret est heureux et navré. Les amis du vicomte le soutiennent et l'emmènent.)

LA FOULE, en un long cri.

Ah !...

UN CHEVAU-LÉGER.

Superbe !

UNE FEMME.

Joli !

RAGUENEAU.

Pharamineux !

UN MARQUIS.

Nouveau !...

Crazy

LE BRET.

Insensé !

(Bousculade autour de Cyrano. On entend.)

... Compliments... félicite... bravo...

VOIX DE FEMME.

C'est un héros !...

UN MOUSQUETAIRE, s'avançant vivement vers Cyrano, la main tendue.

Monsieur, voulez-vous me permettre ?...
C'est tout à fait très bien, et je crois m'y connaître ;
J'ai du reste exprimé ma joie en trépignant !...

Stamp.dance. (Il s'éloigne.)

CYRANO, à Cuigy.

Comment s'appelle donc ce monsieur ?

CUIGY.

D'Artagnan.

LE BRET, à Cyrano, lui prenant le bras.

Çà, causons !...

CYRANO.

Laisse un peu sortir cette cohue...

(A Bellerose.)

Je peux rester ?

BELLEROSE, respectueusement.

Mais oui !...

(On entend des cris au dehors.)

JODELET, qui a regardé.

C'est Montfleury qu'on hue !

BELLEROSE, solennellement.

Sic transit !...

(Changeant de ton, au portier et au moucheur de chandelles.)

Balayez. Fermez. N'éteignez pas.
Nous allons revenir après notre repas,
Répéter pour demain une nouvelle farce.

(Jodelet et Bellerose sortent, après de grands saluts à Cyrano.)

LE PORTIER, à Cyrano.

Vous ne dînez donc pas ?

CYRANO.

Moi ?... Non.

(Le portier se retire.)

LE BRET, à Cyrano.

Parce que ?

CYRANO, fièrement.

Parce...

(Changeant de ton en voyant que le portier est loin.)

Que je n'ai pas d'argent !...

LE BRET, faisant le geste de lancer un sac.

Comment ! le sac d'écus ?...

CYRANO.

Pension paternelle, en un jour, tu vécus !

LE BRET.

Pour vivre tout un mois, alors ?...

CYRANO.

Rien ne me reste.

LE BRET.

Jeter ce sac, quelle sottise !

CYRANO.

Mais quel geste !...

LA DISTRIBUTRICE, toussant derrière son petit comptoir.

Hum !...

(Cyrano et Le Bret se retournent. Elle s'avance intimidée.)

Monsieur... vous savoir jeûner... le cœur me fend...

(Montrant le buffet.)   fast

J'ai là tout ce qu'il faut...

(Avec élan.)

Prenez !

CYRANO, se découvrant.

Ma chère enfant,

Encor que mon orgueil de Gascon m'interdise
D'accepter de vos doigts la moindre friandise,
J'ai trop peur qu'un refus ne vous soit un chagrin,
Et j'accepterai donc...

(Il va au buffet et choisit.)

Oh ! peu de chose ! — un grain

De ce raisin...

(Elle veut lui donner la grappe, il cueille un grain.)

Un seul !... ce verre d'eau...

(Elle veut y verser du vin, il l'arrête.)

limpide !

— Et la moitié d'un macaron !

(Il rend l'autre moitié.)

LE BRET.

Mais c'est stupide !

LA DISTRIBUTRICE.

Oh ! quelque chose encor !

CYRANO.

Oui. La main à baiser.

(Il baise, comme la main d'une princesse, la main qu'elle lui tend.)

LA DISTRIBUTRICE.

Merci, Monsieur.

(Révérence.)

Bonsoir.

(Elle sort.)

SCÈNE V

CYRANO, LE BRET, puis le Portier.

CYRANO, à Le Bret.

Je t'écoute causer.

(Il s'installe devant le buffet et rangeant devant lui le macaron.)

Dîner !...

(... le verre d'eau.)

Boisson !...

(... le grain de raisin.)

Dessert !...

(Il s'assied.)

Là, je me mets à table !

— **Ah !... j'avais une faim, mon cher, épouvantable !**

(Mangeant.)

— **Tu disais ?**

LE BRET.

Que ces fats aux grands airs belliqueux
Te fausseront l'esprit si tu n'écoutes qu'eux !...
Va consulter des gens de bon sens, et t'informe
De l'effet qu'a produit ton algarade.

CYRANO, achevant son macaron.

Enorme.

LE BRET.

Le Cardinal...

beau.

CYRANO, s'épanouissant.
Il était là, le Cardinal ?

LE BRET.

A dû trouver cela...

CYRANO.

Mais très original.

LE BRET.

Pourtant...

CYRANO.

C'est un auteur. Il ne peut lui déplaire
Que l'on vienne troubler la pièce d'un confrère.

LE BRET.

Tu te mets sur les bras, vraiment, trop d'ennemis !

CYRANO, attaquant son grain de raisin.
Combien puis-je, à peu près, ce soir, m'en être mis ?

LE BRET.

Quarante-huit. Sans compter les femmes.

CYRANO.

Voyons, compte!

LE BRET.

Montfleury, le bourgeois, de Guiche, le vicomte,
Baro, l'Académie...

CYRANO.

Assez ! tu me ravis !

LE BRET.

Mais où te mènera la façon dont tu vis ?
Quel système est le tien ?

CYRANO.

J'errais dans un méandre ;
J'avais trop de partis, trop compliqués, à prendre ;
J'ai pris...

LE BRET.

Lequel ?

CYRANO.

Mais le plus simple, de beaucoup.
J'ai décidé d'être admirable, en tout, pour tout !

LE BRET, haussant les épaules.

Soit ! — Mais enfin, à moi, le motif de ta haine
Pour Montfleury, le vrai, dis-le moi !

CYRANO, se levant.

Ce Silène,
Si ventru que son doigt n'atteint pas son nombril,
Pour les femmes encor se croit un doux péril,
Et leur fait, cependant qu'en jouant il bredouille,
Des yeux de carpe avec ses gros yeux de grenouille !...
Et je le hais depuis qu'il se permit, un soir,
De poser son regard sur celle... Oh ! j'ai cru voir
Glisser sur une fleur une longue limace !

LE BRET, stupéfait.

Hein ? Comment ? Serait-il possible ?...

CYRANO, avec un rire amer.

Que j'aimasse ?...

(Changeant de ton et gravement.)
J'aime.

LE BRET.

Et peut-on savoir ? tu ne m'as jamais dit ?...

CYRANO.

Qui j'aime ?... Réfléchis, voyons. Il m'interdit
Le rêve d'être aimé même par une laide,
Ce nez qui d'un quart d'heure en tous lieux me précède ;
Alors, moi, j'aime qui ?... Mais cela va de soi !
J'aime — mais c'est forcé ! — la plus belle qui soit !

LE BRET.

La plus belle ?...

CYRANO.

Tout simplement, qui soit au monde !
La plus brillante, la plus fine,

(Avec accablement.)
la plus blonde !

LE BRET.

Eh ! mon Dieu, quelle est donc cette femme ?...

CYRANO.

Un danger

Mortel sans le vouloir, exquis sans y songer,

Un piège de nature, une rose muscade
Dans laquelle l'amour se tient en embuscade !
Qui connaît son sourire a connu le parfait.
Elle fait de la grâce avec rien, elle fait
Tenir tout le divin dans un geste quelconque,
Et tu ne saurais pas, Vénus, monter en conque,
Ni toi, Diane, marcher dans les grands bois fleuris,
Comme elle monte en chaise et marche dans Paris !...

LE BRET.

Sapristi ! je comprends. C'est clair !

CYRANO.

C'est diaphane.

LE BRET.

Magdeleine Robin, ta cousine ?

CYRANO.

Oui, — Roxane.

LE BRET.

Eh bien ! mais c'est au mieux ! Tu l'aimes ? Dis-le-lui !
Tu t'es couvert de gloire à ses yeux aujourd'hui !

CYRANO.

Regarde-moi, mon cher, et dis quelle espérance
Pourrait bien me laisser cette protubérance !
Oh ! je ne me fais pas d'illusion ! — Parbleu,
Oui, quelquefois, je m'attendris, dans le soir bleu ;
J'entre en quelque jardin où l'heure se parfume ;
Avec mon pauvre grand diable de nez je hume
L'avril, — je suis des yeux, sous un rayon d'argent,
Au bras d'un cavalier, quelque femme, en songeant
Que pour marcher, à petits pas dans de la lune,
Aussi moi j'aimerais au bras en avoir une,
Je m'exalte, j'oublie... et j'aperçois soudain
L'ombre de mon profil sur le mur du jardin !

LE BRET, ému.

Mon ami !...

CYRANO.

Mon ami, j'ai de mauvaises heures !
De me sentir si laid, parfois, tout seul...

LE BRET, vivement, lui prenant la main.

Tu pleures ?

CYRANO.

Ah ! non, cela, jamais ! Non, ce serait trop laid,
Si le long de ce nez une larme coulait !
Je ne laisserai pas, tant que j'en serai maître,
La divine beauté des larmes se commettre
Avec tant de laideur grossière !... Vois-tu bien,
Les larmes, il n'est rien de plus sublime, rien,
Et je ne voudrais pas qu'excitant la risée,
Une seule, par moi, fût ridiculisée !...

LE BRET.

Va, ne t'attriste pas ! L'amour n'est que hasard !

CYRANO, secouant la tête.

Non ! J'aime Cléopâtre : ai-je l'air d'un César ?
J'adore Bérénice : ai-je l'aspect d'un Tite ?

LE BRET.

Mais ton courage ! ton esprit ! — Cette petite
Qui t'offrait là, tantôt, ce modeste repas,
Ses yeux, tu l'as bien vu, ne te détestaient pas !

CYRANO, saisi.

C'est vrai !

LE BRET.

Hé, bien ! alors ?... Mais, Roxane, elle-même,
Toute blême a suivi ton duel !...

CYRANO.

Toute blême ?

LE BRET.

Son cœur et son esprit déjà sont étonnés !
Ose, et lui parle, afin...

CYRANO.

Qu'elle me rie au nez ?
Non ! — C'est la seule chose au monde que je craigne !

LE PORTIER, introduisant quelqu'un à Cyrano.

Monsieur, on vous demande...

CYRANO, voyant la duègne.

Ah! mon Dieu! Sa duègne!

SCÈNE VI

CYRANO, LE BRET, la Duègne.

LA DUÉGNE, avec un grand salut.

De son vaillant cousin on désire savoir
Où l'on peut, en secret, le voir.

CYRANO, bouleversé.

Me voir ?

LA DUÈGNE, avec une révérence.

Vous voir.

— On a des choses à vous dire.

CYRANO.

Des ?

LA DUÈGNE, nouvelle révérence.

Des choses !

CYRANO, chancelant.

Ah ! mon Dieu !

LA DUÈGNE.

L'on ira, demain, aux primes roses
D'aurore, — ouir la messe à Saint-Roch.

CYRANO, se soutenant sur Le Bret.

Ah ! mon Dieu!

LA DUÈGNE.

En sortant, — où peut-on entrer, causer un peu ?

CYRANO, affolé.

Où ?... Je... mais... Ah ! mon Dieu !...

LA DUÈGNE.

Dites vite.

CYRANO.

Je cherche !

LA DUEGNE.

Où ?...

CYRANO.

Chez... chez... Ragueneau... le pâtissier...

LA DUÈGNE.

Il perche ?

CYRANO.

Dans la rue — ah! mon Dieu, mon Dieu! — Saint-Honoré!...

LA DUÈGNE, remontant.

On ira. Soyez-y. Sept heures.

CYRANO.

J'y serai.

(La duègne sort.)

SCÈNE VII

CYRANO, LE BRET, puis les Comédiens, les Comédiennes, CUIGY, BRISSAILLE, LIGNIÈRE, le Portier, les
Violons.

CYRANO, tombant dans les bras de Le Bret.

Moi !... D'elle !... Un rendez-vous !...

LE BRET.

Eh bien! tu n'es plus triste?

CYRANO.

Ah ! pour quoi que ce soit, elle sait que j'existe !

LE BRET.

Maintenant, tu vas être calme ?

CYRANO, hors de lui.

Maintenant...

Mais je vais être frénétique et fulminant !
Il me faut une armée entière à déconfire !
J'ai dix cœurs ; j'ai vingt bras ; il ne peut me suffire
De pourfendre des nains...

(Il crie à tue-tête.)

Il me faut des géants !

(Depuis un moment, sur la scène, au fond, des ombres de
comédiens et de comédiennes s'agitent, chuchotent : on commence à répéter. Les violons ont repris leur place.)

UNE VOIX, de la scène.

Hé ! pst ! là-bas ! Silence ! on répète céans !

CYRANO, riant.

Nous partons !

(Il remonte ; par la grande porte du fond entrent Cuigy, Brissaille, plusieurs officiers qui soutiennent Lignière complètement ivre.)

CUIGY.

Cyrano !

CYRANO.

Qu'est-ce ?

CUIGY.

Une énorme grive

Qu'on t'apporte !

CYRANO, le reconnaissant.

Lignière !... Hé, qu'est-ce qui t'arrive ?

CUIGY.

Il te cherche !

BRISSAILLE.

Il ne peut rentrer chez lui !

CYRANO.

Pourquoi ?

LIGNIÈRE, d'une voix pâteuse, lui montrant un billet
tout chiffonné.

Ce billet m'avertit... cent hommes contre moi...
A cause de... chanson... grand danger me menace...
Porte de Nesle... Il faut, pour rentrer, que j'y passe...
Permets-moi donc d'aller coucher sous... sous ton toit !

CYRANO.

Cent hommes, m'as-tu dit ? Tu coucheras chez toi !

LIGNIÈRE, épouvanté.

Mais...

CYRANO, d'une voix terrible, lui montrant la lanterne allumée
que le portier balance en écoutant curieusement cette scène.

Prends cette lanterne !...

(Lignière saisit précipitamment la lanterne.)

Et marche ! — Je te jure

Que c'est moi qui ferai ce soir ta couverture !...

(Aux officiers.)

Vous, suivez à distance, et vous serez témoins !

CUIGY.

Mais cent hommes !...

CYRANO.

Ce soir, il ne m'en faut pas moins !

(Les comédiens et les comédiennes, descendus de scène, se
sont rapprochés dans leurs divers costumes.)

LE BRET.

Mais pourquoi protéger...

CYRANO.

Voilà Le Bret qui grogne !

LE BRET.

Cet ivrogne banal ?...

CYRANO, frappant sur l'épaule de Lignière.

Parce que cet ivrogne,
Ce tonneau de muscat, ce fût de rossoli,
Fit quelque chose un jour de tout à fait joli :
Au sortir d'une messe ayant, selon le rite,
Vu celle qu'il aimait prendre de l'eau bénite,
Lui que l'eau fait sauver, courut au bénitier,
Se pencha sur sa conque et le but tout entier !...

UNE COMÉDIENNE, en costume de soubrette.

Tiens ! c'est gentil, cela !

CYRANO.

N'est-ce pas, la soubrette ?

LA COMÉDIENNE, aux autres.

Mais pourquoi sont-ils cent contre un pauvre poète ?

CYRANO.

Marchons !

(Aux officiers.)

Et vous, messieurs, en me voyant charger,
Ne me secondez pas, quel que soit le danger !

UNE AUTRE COMÉDIENNE, sautant de la scène.

Oh ! mais, moi, je vais voir !

CYRANO.

Venez !

UNE AUTRE, sautant aussi, à un vieux comédien.

Viens-tu, Cassandre ?...

CYRANO.

Venez tous, le Docteur, Isabelle, Léandre,
Tous ! Car vous allez joindre, essaim charmant et fol,
La farce italienne à ce drame espagnol,
Et, sur son ronflement tintant un bruit fantasque,
L'entourer de grelots comme un tambour de basque !...

TOUTES LES FEMMES, sautant de joie.

Bravo ! — Vite, une mante ! — Un capuchon !

JODELET.

Allons !

CYRANO, aux violons.

Vous nous jouerez un air, messieurs les violons !

(Les violons se joignent au cortège qui se forme. On s'empare
des chandelles allumées de la rampe et on se les distribue. Cela
devient une retraite aux flambeaux.)

Bravo ! des officiers, des femmes en costume,
Et, vingt pas en avant...

(Il se place comme il dit.)

Moi, tout seul, sous la plume
Que la gloire elle-même à ce feutre piqua,
Fier comme un Scipion triplement Nasica !...
— C'est compris ? Défendu de me prêter main-forte ! —
On y est ?... Un, deux, trois ! Portier, ouvre la porte !

(Le portier ouvre à deux battants. Un coin du vieux Paris pittoresque et lunaire paraît.)

Ah !... Paris fuit, nocturne et quasi nébuleux ;
Le clair de lune coule aux pentes des toits bleus ;
Un cadre se prépare, exquis, pour cette scène ;
Là-bas, sous des vapeurs en écharpe, la Seine,
Comme un mystérieux et magique miroir,
Tremble... Et vous allez voir ce que vous allez voir !

TOUS.

A la porte de Nesle !

CYRANO, debout sur le seuil.

A la porte de Nesle !

(Se retournant avant de sortir, à la soubrette.)

Ne demandiez-vous pas pourquoi, mademoiselle,
Contre ce seul rimeur cent hommes furent mis ?

(Il tire l'épée et, tranquillement.)

C'est parce qu'on savait qu'il est de mes amis !

(Il sort. Le cortège, — Lignière zigzaguant en tête, — puis
les comédiennes aux bras des officiers, — puis les comédiens
gambadant, — se met en marche dans la nuit au son des violons, et à la lueur falote des chandelles.)

RIDEAU

DEUXIÈME ACTE

LA ROTISSERIE DES POÈTES

DEUXIÈME ACTE

LA ROTISSERIE DES POÈTES

La boutique de Ragueneau, rôtisseur-pâtissier, vaste ouvroir au coin de la rue Saint-Honoré et de la rue de l'Arbre-Sec, qu'on aperçoit largement au fond, par le vitrage de la porte, grises dans les premières lueurs de l'aube.

A gauche, premier plan, comptoir surmonté d'un dais en fer forgé, auxquels sont accrochés des oies, des canards, des paons blancs. Dans de grands vases de faïence de hauts bouquets de fleurs naïves, principalement des tournesols jaunes. Du même côté, second plan, immense cheminée devant laquelle, entre de monstrueux chenets, dont chacun supporte une petite marmite, les rôtis pleurent dans les lèchefrites.

A droite, premier plan avec porte. Deuxième plan, un escalier montant à une petite salle en soupente, dont on aperçoit l'intérieur par des volets ouverts ; une table y est dressée, un menu lustre flamand y luit : c'est un réduit où l'on va manger et boire. Une galerie de bois, faisant suite à l'escalier, semble mener à d'autres petites salles analogues.

Au milieu de la rôtisserie, un cercle de fer que l'on peut faire descendre avec une corde, et auquel de grosses pièces sont accrochées, fait un lustre de gibier.

Les fours, dans l'ombre, sous l'escalier, rougeoient. Des cuivres étincellent. Des broches tournent. Des pièces montées pyramident, des jambons pendent. C'est le coup de feu matinal. Bousculade de marmitons effarés, d'énormes cuisiniers et de minuscules gâte-sauces, foisonnent de bonnets à plume de poulet ou à aile de pintade. On apporte, sur des plaques de tôle et des clayons d'osier, des quinconces de brioches, des villages de petits-fours.

Des tables sont couvertes de gâteaux et de plats. D'autres, entourées de chaises, attendent les mangeurs et les buveurs. Une plus petite, dans un coin, disparaît sous les papiers. Ragueneau y est assis au lever du rideau ; il écrit.

4

SCÈNE PREMIÈRE

RAGUENEAU, Pâtissiers, puis LISE ; Ragueneau, à la
petite table, écrivant d'un air inspiré, et comptant sur
ses doigts.

PREMIER PATISSIER, apportant une pièce montée.

Fruits en nougat !

DEUXIÈME PATISSIER, apportant un plat.

Flan !

TROISIÈME PATISSIER, apportant un rôti paré de plumes.

Paon !

QUATRIÈME PATISSIER, apportant une plaque de gâteaux.

Roinsoles !

CINQUIÈME PATISSIER, apportant une sorte de terrine.

Bœuf en daube !

RAGUENEAU, cessant d'écrire et levant la tête.

Sur les cuivres, déjà, glisse l'argent de l'aube !
Etouffe en toi le dieu qui chante, Ragueneau !
L'heure du luth viendra, — c'est l'heure du fourneau !
(Il se lève. — A un cuisinier.)

Vous, veuillez m'allonger cette sauce, elle est courte.

LE CUISINIER.

De combien ?

RAGUENEAU.

De trois pieds.

LE CUISINIER.

Hein !

PREMIER PATISSIER.

La tarte !

DEUXIÈME PATISSIER.

La tourte !

RAGUENEAU, devant la cheminée.

Ma Muse, éloigne-toi, pour que tes yeux charmants
N'aillent pas se rougir au feu de ces sarments !
(A un pâtissier, lui montrant des pains.)

Vous avez mal placé la fente de ces miches :
Au milieu la césure, — entre les hémistiches !

(A un autre, lui montrant un pâté inachevé.)

A ce palais de croûte, il faut, vous, mettre un toit...

(A un jeune apprenti, qui, assis par terre, embroche des volailles.)

Et toi, sur cette broche interminable, toi,
Le modeste poulet et la dinde superbe,
Alterne-les, mon fils, comme le vieux Malherbe
Alternait les grands vers avec les plus petits,
Et fais tourner au feu des strophes de rôtis !

UN AUTRE APPRENTI, s'avançant avec un plateau recouvert
d'une assiette.

Maître, en pensant à vous, dans le four j'ai fait cuire
Ceci, qui vous plaira, je l'espère.

(Il découvre le plateau, on voit une grande lyre de pâtisserie.)

RAGUENEAU, ébloui.

Une lyre !

L'APPRENTI.

En pâte de brioche.

RAGUENEAU, ému.

Avec des fruits confits !

L'APPRENTI.

Et les cordes, voyez, en sucre je les fis.

RAGUENEAU, lui donnant de l'argent.

Va boire à ma santé !

(Apercevant Lise qui entre.)

Chut ! ma femme ! Circule,

Et cache cet argent !

(A Lise, lui montrant la lyre d'un air gêné.

C'est beau ?

LISE.

C'est ridicule !

(Elle pose sur le comptoir une pile de sacs en papier.)

RAGUENEAU.

Des sacs ?... Bon. Merci.

(Il les regarde.)

Ciel ! Mes livres vénérés !

Les vers de mes amis ! déchirés ! démembrés !
Pour en faire des sacs à mettre des croquantes...
Ah ! vous renouvelez Orphée et les bacchantes !

LISE, sèchement.

Et n'ai-je pas le droit d'utiliser vraiment
Ce que laissent ici, pour unique paiement,
Vos méchants écriveurs de lignes inégales !

RAGUENEAU.

Fourmi !... n'insulte pas ces divines cigales !

LISE.

Avant de fréquenter ces gens-là, mon ami,
Vous ne m'appeliez pas bacchante, — ni fourmi !

RAGUENEAU.

Avec des vers, faire cela !

LISE.

Pas autre chose.

RAGUENEAU.

Que faites-vous alors, madame, avec la prose ?

SCÈNE II

Les Mêmes, deux Enfants, qui viennent d'entrer
dans la pâtisserie.

RAGUENEAU.

Vous désirez, petits ?

PREMIER ENFANT.

Trois pâtés.

RAGUENEAU, les servant.

Là, bien roux...

Et bien chauds.

DEUXIÈME ENFANT.

S'il vous plaît, enveloppez-les-nous ?

RAGUENEAU, saisi, à part.

Hélas ! un de mes sacs !

(Aux enfants.)

Que je les enveloppe ?...

(Il prend un sac et au moment d'y mettre les pâtés, il lit.)

« *Tel Ulysse, le jour qu'il quitta Pénélope...* »

Pas celui-ci !...

(Il le met de côté et en prend un autre. Au moment d'y mettre les pâtés, il lit.)

« *Le blond Phœbus...* » Pas celui-là !

(Même jeu.)

LISE, impatientée.

Eh bien, qu'attendez-vous ?

RAGUENEAU.

Voilà, voilà, voilà !

(Il en prend un troisième et se résigne.)

Le sonnet à Philis !... mais c'est dur tout de même !

LISE.

C'est heureux qu'il se soit décidé !

(Haussant les épaules.)

Nicodème !

(Elle monte sur une chaise et se met à ranger des plats sur une crédence.)

RAGUENEAU, profitant de ce qu'elle tourne le dos, rappelle les enfants déjà à la porte.

Pst !... Petits !... Rendez-moi le sonnet à Philis,
Au lieu de trois pâtés je vous en donne six.

(Les enfants lui rendent le sac, prennent vivement les gâteaux et sortent. Ragueneau, défripant le papier, se met à lire en déclamant.)

« *Philis !...* » Sur ce doux nom, une tache de beurre !...
« *Philis !...* »

Cyrano entre brusquement.

SCÈNE III

RAGUENEAU, LISE, CYRANO, puis le Mousquetaire.

CYRANO.

Quelle heure est-il ?

RAGUENEAU, le saluant avec empressement.

Six heures.

CYRANO, avec émotion.

Dans une heure !

(Il va et vient dans la boutique.)

RAGUENEAU, le suivant.

Bravo ! J'ai vu...

CYRANO.

Quoi donc !

RAGUENEAU.

Votre combat !...

CYRANO.

Lequel ?

RAGUENEAU.

Celui de l'hôtel de Bourgogne !

CYRANO, avec dédain.

Ah !... Le duel !...

RAGUENEAU, admiratif.

Oui, le duel en vers !...

LISE

Il en a plein la bouche !

CYRANO.

Allons ! tant mieux !

RAGUENEAU, se fendant avec une broche qu'il a saisie.

« A la fin de l'envoi, je touche !...
A la fin de l'envoi, je touche !... » Que c'est beau !
(Avec un enthousiasme croissant.)
« A la fin de l'envoi... »

CYRANO.

Quelle heure, Ragueneau ?

RAGUENEAU, restant fendu pour regarder l'horloge.

Six heures cinq !... « ...je touche ! »

(Il se relève.)

...Oh! faire une ballade!

LISE, à Cyrano, qui en passant devant son comptoir lui a serré distraitement la main.

Qu'avez-vous à la main ?

CYRANO.

Rien. Une estafilade.

RAGUENEAU.

Courûtes-vous quelque péril ?

CYRANO.

Aucun péril.

LISE, le menaçant du doigt.

Je crois que vous mentez ?

CYRANO.

Mon nez remuerait-il ?
Il faudrait que ce fût pour un mensonge énorme !
(Changeant de ton.)
J'attends ici quelqu'un. Si ce n'est pas sous l'orme,
Vous nous laisserez seuls.

RAGUENEAU.

C'est que je ne peux pas ;
Mes rimeurs vont venir...

LISE, ironique.

Pour leur premier repas !

CYRANO.

Tu les éloigneras quand je te ferai signe...
L'heure ?

RAGUENEAU.

Six heures dix.

CYRANO, s'asseyant nerveusement à la table de Ragueneau
et prenant du papier.

Une plume ?...

RAGUENEAU, lui offrant celle qu'il a à son oreille.

De cygne.

UN MOUSQUETAIRE, superbement moustachu, entre et d'une voix
de stentor.

Salut !
(Lise remonte vivement vers lui.)

CYRANO, se retournant.

Qu'est-ce ?

RAGUENEAU.

Un ami de ma femme. Un guerrier
Terrible, — à ce qu'il dit !...

CYRANO, reprenant la plume et éloignant du geste Ragueneau.

Chut !...

(A lui-même.)   Ecrire, — plier, —
Lui donner, — me sauver...   (Jetant la plume.)

Lâche !... Mais que je meure,
Si j'ose lui parler, lui dire un seul mot...
(A Ragueneau.)

L'heure ?

RAGUENEAU.

Six et quart !...

CYRANO, *frappant sa poitrine.*

...un seul mot de tous ceux que j'ai là !

Tandis qu'en écrivant...

(Il reprend la plume.)

Eh bien ! écrivons-la,

Cette lettre d'amour qu'en moi-même j'ai faite
Et refaite cent fois, de sorte qu'elle est prête,
Et que mettant mon âme à côté du papier,
Je n'ai tout simplement qu'à la recopier.

(Il écrit. — Derrière le vitrage de la porte on voit s'agiter des silhouettes maigres et hésitantes.)

SCÈNE IV

RAGUENEAU, LISE, Le Mousquetaire, CYRANO, à la petite table, écrivant, les Poètes, vêtus de noir, les bas tombants, couverts de boue.

LISE, *entrant, à Ragueneau.*

Les voici vos crottés !

PREMIER POÈTE, *entrant, à Ragueneau.*

Confrère !...

DEUXIÈME POÈTE, *de même, lui secouant les mains.*

Cher confrère !

TROISIÈME POÈTE.

Aigle des pâtissiers !

(Il renifle.)

Ça sent bon dans votre aire.

QUATRIÈME POÈTE.

O Phœbus-Rôtisseur !

CINQUIÈME POÈTE.

Apollon maître-queux !

RAGUENEAU, *entouré, embrassé, secoué.*

Comme on est tout de suite à son aise avec eux !...

PREMIER POÈTE.

Nous fûmes retardés par la foule attroupée
A la porte de Nesle !...

DEUXIÈME POÈTE.
Ouverts à coups d'épée,
Huit malandrins sanglants illustraient les pavés !

CYRANO, levant une seconde la tête.

Huit ?... Tiens, je croyais sept.

(Il reprend sa lettre.)

RAGUENEAU, à Cyrano.

Est-ce que vous savez
Le héros du combat ?

CYRANO, négligemment.

Moi ?... Non !

LISE, au mousquetaire.

Et vous ?

LE MOUSQUETAIRE, se frisant la moustache.

Peut-être !

CYRANO, écrivant à part, — on l'entend murmurer de
temps en temps.

Je vous aime...

PREMIER POÈTE.

Un seul homme, assure-t-on, sut mettre
Toute une bande en fuite !...

DEUXIÈME POÈTE.

Oh ! c'était curieux !
Des piques, des bâtons jonchaient le sol !...

CYRANO, écrivant.

... Vos yeux...

TROISIÈME POÈTE.

On trouvait des chapeaux jusqu'au quai des Orfèvres !

PREMIER POÈTE.

Sapristi ! ce dut être un féroce...

CYRANO, même jeu.

vos lèvres...

PREMIER POÈTE.

Un terrible géant, l'auteur de ces exploits !

CYRANO, même jeu.

...Et je m'évanouis de peur quand je vous vois.

DEUXIÈME POÈTE, happant un gâteau.

Qu'as-tu rimé de neuf, Ragueneau ?

CYRANO, même jeu.

...qui vous aime...

(Il s'arrête au moment de signer, et se lève, mettant sa lettre dans son pourpoint.)

Pas besoin de signer. Je la donne moi-même.

RAGUENEAU, au deuxième poète.

J'ai mis une recette en vers.

TROISIÈME POÈTE, s'installant près d'un plateau de choux à la crème.

Oyons ces vers !

QUATRIÈME POÈTE, regardant une brioche qu'il a prise.

Cette brioche a mis son bonnet de travers.

(Il la décoiffe d'un coup de dent.)

PREMIER POÈTE.

Ce pain d'épice suit le rimeur famélique,
De ses yeux en amande aux sourcils d'angélique !

(Il happe le morceau de pain d'épice.)

DEUXIÈME POÈTE.

Nous écoutons.

TROISIÈME POÈTE, serrant légèrement un chou entre ses doigts.

Le chou bave sa crème. Il rit.

DEUXIÈME POÈTE, mordant à même la grande lyre de pâtisserie.

Pour la première fois la Lyre me nourrit !

RAGUENEAU, qui s'est préparé à réciter, qui a toussé, assuré son bonnet, pris une pose.

Une recette en vers...

DEUXIÈME POÈTE, au premier, lui donnant un coup de coude.

Tu déjeunes ?

PREMIER POÈTE, au deuxième.

Tu dînes !

RAGUENEAU.

Comment on fait les tartelettes amandines.

Battez, pour qu'ils soient mousseux,
Quelques œufs ;
Incorporez à leur mousse
Un jus de cédrat choisi ;
Versez-y
Un bon lait d'amande douce ;

Mettez de la pâte à flan
            Dans le flanc
De moules à tartelette ;
D'un doigt preste, abricotez
            Les côtés ;
Versez goutte à gouttelette
Votre mousse en ces puits, puis
            Que ces puits
Passent au four, et, blondines,
Sortant en gais troupelets,
            Ce sont les
Tartelettes amandines !

        LES POÈTES, la bouche pleine.
Exquis ! Délicieux !

        UN POÈTE, s'étouffant.
        Homph !

(Ils remontent vers le fond, en mangeant. Cyrano qui a
observé s'avance vers Ragueneau.)

        CYRANO.
            Bercés par ta voix,
Ne vois-tu pas comme ils s'empiffrent ?

        RAGUENEAU, plus bas, avec un sourire.
                    Je le vois...
Sans regarder, de peur que cela ne les trouble ;
Et dire ainsi mes vers me donne un plaisir double,
Puisque je satisfais un doux faible que j'ai
Tout en laissant manger ceux qui n'ont pas mangé ?

        CYRANO, lui frappant sur l'épaule.
Toi, tu me plais !...

(Ragueneau va rejoindre ses amis. Cyrano le suit des yeux,
puis un peu brusquement.)
        Hé là, Lise ?
(Lise, en conversation tendre avec le mousquetaire, tressaille
et descend vers Cyrano.)
                    Ce capitaine...
Vous assiège ?

        LISE, offensée.
        Oh ! mes yeux, d'une œillade hautaine
Savent vaincre quiconque attaque mes vertus.

CYRANO.

Euh ! pour des yeux vainqueurs, je les trouve battus.

LISE, suffoquée.

Mais...

CYRANO, nettement.

Ragueneau me plaît. C'est pourquoi, dame Lise,
Je défends que quelqu'un le ridicoculise.

LISE.

Mais...

CYRANO, qui a élevé la voix assez pour être entendu du galant.

A bon entendeur...

(Il salue le mousquetaire, et va se mettre en observation, à la
porte du fond, après avoir regardé l'horloge.)

LISE, au mousquetaire qui a simplement rendu son salut à Cyrano.

Vraiment, vous m'étonnez !

Répondez... sur son nez...

LE MOUSQUETAIRE.

Sur son nez... sur son nez...

(Il s'éloigne vivement, Lise le suit.)

CYRANO, de la porte du fond, faisant signe à Ragueneau
d'emmener les poètes.

Pst !...

RAGUENEAU, montrant aux poètes la porte de droite.

Nous serons bien mieux par là...

CYRANO, s'impatientant.

Pst ! pst !...

RAGUENEAU, les entraînant.

Pour lire

Des vers...

PREMIER POÈTE, désespéré, la bouche pleine.

Mais les gâteaux !...

DEUXIÈME POÈTE.

Emportons-les !

(Ils sortent tous derrière Ragueneau, processionnellement, et
après avoir fait une râfle de plateaux.)

SCÈNE V

CYRANO, ROXANE, la Duègne.

CYRANO.

Je tire produce

Ma lettre si je sens seulement qu'il y a
Le moindre espoir !...

(Roxane, masquée, suivie de la duègne, paraît derrière le
vitrage. Il ouvre vivement la porte.)

Entrez !...

(Marchant sur la duègne.)

Vous, deux mots, duègna !

LA DUÈGNE.

Quatre.

CYRANO.

Etes-vous gourmande ?

LA DUÈGNE.

A m'en rendre malade.

CYRANO, prenant vivement des sacs de papier sur le comptoir.

Bon. Voici deux sonnets de monsieur Benserade...

LA DUÈGNE, piteuse. dejected

Heu !...

CYRANO.

...que je vous remplis de darioles.

LA DUÈGNE, changeant de figure.

Hou !

CYRANO.

Aimez-vous le gâteau qu'on nomme petit chou ?

LA DUÈGNE, avec dignité.

Monsieur, j'en fais état, lorsqu'il est à la crème.

CYRANO.

J'en plonge six pour vous dans le sein d'un poème
De Saint-Amant ! Et dans ces vers de Chapelain
Je dépose un fragment, moins lourd, de poupelin.
— Ah ! vous aimez les gâteaux frais ?

LA DUÈGNE.

J'en suis férue !

CYRANO, lui chargeant les bras de sacs remplis.

Veuillez aller manger tous ceux-ci dans la rue.

LA DUÈGNE.

Mais...

CYRANO, la poussant dehors.

Et ne revenez qu'après avoir fini ?

(Il referme la porte, redescend vers Roxane, et s'arrête, découvert, à une distance respectueuse.)

SCÈNE VI

CYRANO, ROXANE, la Duègne, un instant.

CYRANO.

Que l'instant entre tous les instants soit béni,
Où, cessant d'oublier qu'humblement je respire
Vous venez jusqu'ici pour me dire... me dire ?

ROXANE, qui s'est démasquée.

Mais tout d'abord merci, car ce drôle, ce fat
Qu'au brave jeu d'épée, hier, vous avez fait mat,
C'est lui qu'un grand seigneur... épris de moi...

CYRANO.

De Guiche ?

ROXANE, baissant les yeux.

Cherchait à m'imposer... comme mari...

CYRANO.

Postiche ?

(Saluant.)

Je me suis donc battu, madame, et c'est tant mieux,
Non pour mon vilain nez, mais bien pour vos beaux yeux.

ROXANE.

Puis... je voulais... Mais pour l'aveu que je viens faire,
Il faut que je revoie en vous le... presque frère,
Avec qui je jouais, dans le parc — près du lac !...

Local Colour

(deu̇t)

CYRANO.

Oui... vous veniez tous les étés à Bergerac !...

reeds

ROXANE.

Les roseaux fournissaient le bois pour vos épées...

corn

CYRANO.

Et les maïs, les cheveux blonds pour vos poupées !

ROXANE.

C'était le temps des jeux...

CYRANO. *blackberries sour*

Des mûrons aigrelets...

ROXANE.

Le temps où vous faisiez tout ce que je voulais !...

CYRANO.

Roxane, en jupons courts, s'appelait Madeleine...

ROXANE.

J'étais jolie, alors ?

CYRANO.

Vous n'étiez pas vilaine.

ROXANE.

Parfois, la main en sang de quelque grimpement,
Vous accouriez ! — Alors, jouant à la maman,
Je disais d'une voix qui tâchait d'être dure :
(Elle lui prend la main.)
« Qu'est-ce que c'est encor que cette égratignure ? *scratch*
(Elle s'arrête, stupéfaite.)
Oh ! C'est trop fort ! Et celle-ci !

(Cyrano veut retirer sa main.)
Non ! Montrez-la !

Hein ? à votre âge, encor ! — Où t'es-tu fait cela ?

CYRANO.

En jouant, du côté de la porte de Nesle.

ROXANE, s'asseyant à une table, et trempant son mouchoir dans
un verre d'eau.

Donnez !

CYRANO, s'asseyant aussi.

Si gentiment ! Si gaiement maternelle !

ROXANE.

Et, dites-moi, — pendant que j'ôte un peu le sang —
Ils étaient contre vous ?

CYRANO.

Oh ! pas tout à fait cent.

ROXANE.

Racontez !

CYRANO.

Non. Laissez. Mais vous, dites la chose
Que vous n'osiez tantôt me dire...

ROXANE, sans quitter sa main.

A présent, j'ose,
Car le passé m'encouragea de son parfum !   *beautiful*
Oui, j'ose maintenant. Voilà. J'aime quelqu'un.

CYRANO.

Ah !...

ROXANE.

Qui ne le sait pas d'ailleurs,

CYRANO.

Ah !...

ROXANE.

Pas encore.

CYRANO.

Ah !...

ROXANE.

Mais qui va bientôt le savoir, s'il l'ignore.

CYRANO.

Ah !...

ROXANE.

Un pauvre garçon qui jusqu'ici m'aima
Timidement, de loin, sans oser le dire...

CYRANO.

Ah !...

ROXANE.

Laissez-moi votre main, voyons, elle a la fièvre. —
Mais moi, j'ai vu trembler les aveux sur sa lèvre.

CYRANO.

Ah !...

ROXANE, *achevant de lui faire un petit bandage avec son mouchoir.*
Et figurez-vous, tenez, que, justement
Oui, mon cousin, il sert dans votre régiment !

CYRANO.

Ah !...

ROXANE, *riant.*
Puisqu'il est cadet dans votre compagnie !

CYRANO.

Ah !...

ROXANE.
Il a sur son front de l'esprit, du génie,
Il est fier, noble, jeune, intrépide, beau...

CYRANO, *se levant tout pâle.*
Beau !

ROXANE.
Quoi ? Qu'avez-vous ?

CYRANO.
Moi, rien... C'est... c'est...
(Il montre sa main, avec un sourire.) courageous
C'est ce bobo.

ROXANE.
Enfin, je l'aime. Il faut d'ailleurs que je vous dise
Que je ne l'ai jamais vu qu'à la Comédie...

CYRANO.
Vous ne vous êtes donc pas parlé ?

ROXANE.
Nos yeux seuls.

CYRANO.
Mais comment savez-vous, alors ?

ROXANE.
Sous les tilleuls une trees
De la place Royale, on cause... Des bavardes
M'ont renseignée...

CYRANO.
Il est cadet ?

ROXANE.

Cadet aux gardes.

CYRANO.

Son nom ?

ROXANE.

Baron Christian de Neuvillette.

CYRANO.

Hein ?...

Il n'est pas aux cadets.

ROXANE.

Si, depuis ce matin :
Capitaine Carbon de Castel-Jaloux.

CYRANO.

Vite,
Vite, on lance son cœur !... Mais, ma pauvre petite...

LA DUÈGNE, ouvrant la porte du fond.

J'ai fini les gâteaux, monsieur de Bergerac !

CYRANO.

Eh bien ! lisez les vers imprimés sur le sac !

(La duègne disparaît.)

...Ma pauvre enfant, vous qui n'aimez que beau langage,
Bel esprit, — si c'était un profane, un sauvage.

ROXANE.

Non, il a les cheveux d'un héros de d'Urfé !

CYRANO.

S'il était aussi maldisant que bien coiffé !

ROXANE.

Non, tous les mots qu'il dit sont fins, je le devine !

CYRANO.

Oui, tous les mots sont fins quand la moustache est fine.
— Mais si c'était un sot !...

ROXANE, frappant du pied.

Eh bien ! j'en mourrais, là !

CYRANO, après un temps.

Vous m'avez fait venir pour me dire cela ?
Je n'en sens pas très bien l'utilité, madame.

ROXANE.

Ah, c'est que quelqu'un hier m'a mis la mort dans l'âme,
Et me disant que tous, vous êtes tous Gascons
Dans votre compagnie...

CYRANO.

Et que nous provoquons
Tous les blancs-becs qui, par faveur, se font admettre
Parmi les purs Gascons que nous sommes, sans l'être ?
C'est ce qu'on vous a dit ?

ROXANE.

Et vous pensez si j'ai
Tremblé pour lui !

CYRANO, entre ses dents.

Non sans raison !

ROXANE.

Mais j'ai songé
Lorsque invincible et grand, hier, vous nous apparûtes,
Châtiant ce coquin, tenant tête à ces brutes, —
J'ai songé : s'il voulait, lui, que tous ils craindront...

CYRANO.

C'est bien, je défendrai votre petit baron. *Gallant*

ROXANE.

Oh, n'est-ce pas que vous allez me le défendre ?
J'ai toujours eu pour vous une amitié si tendre.

CYRANO.

Oui, oui.

ROXANE.

Vous serez son ami ?

CYRANO.

Je le serai.

ROXANE.

Et jamais il n'aura de duel ?

CYRANO.

C'est juré.

ROXANE.

Oh ! je vous aime bien. Il faut que je m'en aille.

(Elle remet vivement son masque, une dentelle sur son front,
et distraitement.)

Mais vous ne m'avez pas raconté la bataille
De cette nuit. Vraiment ce dut être inouï !...
— Dites-lui qu'il m'écrive.

(Elle lui envoie un petit baiser de la main.)

Oh ! je vous aime !

CYRANO.

Oui, oui.

ROXANE.

Cent hommes contre vous? Allons, adieu. — Nous sommes
De grands amis !

CYRANO.

Oui, oui.

ROXANE.

Qu'il m'écrive ! — Cent hommes ! —
Vous me direz plus tard. Maintenant, je ne puis.
Cent hommes ! Quel courage !

CYRANO, la saluant.

Oh ! j'ai fait mieux depuis.

(Elle sort. Cyrano reste immobile, les yeux à terre. Un silence.
La porte s'ouvre. Ragueneau passe sa tête.)

SCÈNE VII

CYRANO, RAGUENEAU, les Poètes, CARBON DE
CASTEL-JALOUX, les Cadets, la Foule, etc., puis
De GUICHE.

RAGUENEAU.

Peut-on rentrer ?

CYRANO, sans bouger.

Oui...

(Ragueneau fait signe et ses amis rentrent. En même temps,
à la porte du fond paraît Carbon de Castel-Jaloux, costume de
capitaine aux gardes, qui fait de grands gestes en apercevant
Cyrano.)

CARBON DE CASTEL-JALOUX.
> Le voilà !

CYRANO, levant la tête.
> Mon capitaine !...

CARBON, exultant.
> Notre héros ! Nous savons tout ! Une trentaine
> De mes cadets sont là !...

CYRANO, reculant.
> Mais...

CARBON, voulant l'entraîner.
> Viens ! on veut te voir !

CYRANO.
> Non !

CARBON.
> Ils boivent en face, à la Croix du Trahoir.

CYRANO.
> Je...

CARBON, remontant à la porte, et criant à la cantonade, d'une
voix de tonnerre.
> Le héros refuse. Il est d'humeur bourrue !

UNE VOIX, au dehors.
> Ah ! Sandious !

(Tumulte au dehors, bruit d'épées qui se rapprochent.)

CARBON, se frottant les mains.
> Les voici qui traversent la rue !...

LES CADETS, entrant dans la rôtisserie.
> Mille dioux ! — Capdedious ! — Mordious ! — Pocapdedious !

RAGUENEAU, reculant épouvanté.
> Messieurs, vous êtes donc tous de Gascogne !

LES CADETS.
> Tous !

UN CADET, à Cyrano.
> Bravo !

CYRANO.
> Baron !

UN AUTRE, lui secouant les mains.
> Vivat !

CYRANO.

Baron !

TROISIÈME CADET.

Que je t'embrasse.

CYRANO.

Baron !.

PLUSIEURS GASCONS.

Embrassons-le !

CYRANO, ne sachant auquel répondre.

Baron... baron... de grâce...

RAGUENEAU.

Vous êtes tous barons, messieurs !

LES CADETS.

Tous ?

RAGUENEAU.

Le sont-ils ?...

PREMIER CADET.

On ferait une tour rien qu'avec nos tortils !

LE BRET, entrant, et courant à Cyrano.

**On te cherche ! Une foule en délire conduite
Par ceux qui cette nuit marchèrent à ta suite...**

CYRANO, épouvanté.

Tu ne leur as pas dit où je me trouve ?...

LE BRET, se frottant les mains.

Si !

UN BOURGEOIS, entrant, suivi d'un groupe.

Monsieur, tout le Marais se fait porter ici !

(Au dehors, la rue s'est remplie de monde. Des chaises à porteurs, des carrosses s'arrêtent.)

LE BRET, bas, souriant à Cyrano.

Et Roxane ?

CYRANO, vivement.

Tais toi !

LA FOULE, criant dehors.

Cyrano !...

(Une cohue se précipite dans la pâtisserie. Bousculade. Acclamations.)

RAGUENEAU, debout sur une table.

Ma boutique
Est envahie ! On casse tout ! C'est magnifique !

DES GENS, autour de Cyrano.

Mon ami... mon ami...

CYRANO.

Je n'avais pas hier

Tant d'amis !...

LE BRET, ravi.

Le succès !

UN PETIT MARQUIS, accourant les mains tendues.

Si tu savais, mon cher...

CYRANO.

Si tu?... Tu?... Qu'est-ce donc qu'ensemble nous gardâmes?

UN AUTRE.

Je veux vous présenter, Monsieur, à quelques dames
Qui là, dans mon carrosse...

CYRANO, froidement.

Et vous d'abord, à moi,
Qui vous présentera ?

LE BRET, stupéfait.

Mais qu'as-tu donc ?

CYRANO.

Tais-toi !

UN HOMME DE LETTRES, avec une écritoire.

Puis-je avoir des détails sur ?...

CYRANO.

Non.

LE BRET, lui poussant le coude.

C'est Théophraste
Renaudot ! l'inventeur de la gazette.

CYRANO.

Baste !

LE BRET.

Cette feuille où l'on fait tant de choses tenir !
On dit que cette idée a beaucoup d'avenir !

LE POÈTE, s'avançant.

Monsieur...

CYRANO.

Encor !

LE POÈTE.

Je veux faire un pentacrostiche

Sur votre nom...

QUELQU'UN, s'avançant encore.
Monsieur...

CYRANO.

Assez !

(Mouvement. On se range. De Guiche paraît, escorté d'officiers, Cuigy, Brissaille, les officiers qui sont partis avec Cyrano
à la fin du premier acte. Cuigy vient vivement à Cyrano.)

CUIGY, à Cyrano.

Monsieur de Guiche !

(Murmure. Tout le monde se range.)

Vient de la part du maréchal de Gassion !

DE GUICHE, saluant Cyrano.

...Qui tient à vous mander son admiration
Pour le nouvel exploit dont le bruit vient de courre.

LA FOULE.

Bravo !...

CYRANO, s'inclinant.

Le maréchal s'y connaît en bravoure.

DE GUICHE.

Il n'aurait jamais cru le fait si ces messieurs
N'avaient pu lui jurer l'avoir vu.

CUIGY.

De nos yeux !

LE BRET, bas à Cyrano, qui a l'air absent.

Mais...

CYRANO.

Tais-toi !

LE BRET.

Tu parais souffrir !

CYRANO, tressaillant et se redressant vivement.

Devant cé monde ?...

(Sa moustache se hérisse ; il poitrine.)

Moi, souffrir ?... Tu vas voir !

DE GUICHE, auquel Cuigy a parlé à l'oreille.

Votre carrière abonde
De beaux exploits, déjà. — Vous servez chez ces fous
De Gascons, n'est-ce pas ?

CYRANO.

Aux cadets, oui.

UN CADET, d'une voix terrible.

Chez nous !

DE GUICHE, regardant les Gascons, rangés derrière Cyrano.

Ah ! ah !... Tous ces messieurs à la mine hautaine,
Ce sont donc les fameux ?...

CARBON DE CASTEL-JALOUX.

Cyrano !

CYRANO.

Capitaine ?

CARBON.

Puisque ma compagnie est, je crois, au complet,
Veuillez la présenter au comte, s'il vous plaît.

CYRANO, faisant deux pas vers De Guiche, et montrant les cadets.

Ce sont les cadets de Gascogne
De Carbon de Castel-Jaloux ;
Bretteurs et menteurs sans vergogne,
Ce sont les cadets de Gascogne !
Parlant blason, lambel, bastogne,
Tous plus nobles que des filous,
Ce sont les cadets de Gascogne
De Carbon de Castel-Jaloux :

Œil d'aigle, jambe de cigogne,
Moustache de chat, dents de loups,
Fendant la canaille qui grogne,
Œil d'aigle, jambe de cigogne,

Ils vont, — coiffés d'un vieux vigogne
Dont la plume cache les trous ! —
Œil d'aigle, jambe de cigogne,
Moustache de chat, dents de loups !

Perce-Bedaine et Casse-Trogne
Sont leurs sobriquets les plus doux ;
De gloire, leur âme est ivrogne !
Perce-Bedaine et Casse-Trogne,
Dans tous les endroits où l'on cogne
Ils se donnent des rendez-vous...
Perce-Bedaine et Casse-Trogne
Sont leurs sobriquets les plus doux !

Voici les cadets de Gascogne
Qui font cocus tous les jaloux !
O femme, adorable carogne,
Voici les cadets de Gascogne !
Que le vieil époux se renfrogne :
Sonnez, clairons ! chantez, coucous !
Voici les cadets de Gascogne
Qui font cocus tous les jaloux !

DE GUICHE, nonchalamment assis dans un fauteuil que
Ragueneau a vite apporté.

Un poète est un luxe, aujourd'hui, qu'on se donne.
— Voulez-vous être à moi ?

CYRANO.
Non, Monsieur, à personne.

DE GUICHE.
Votre verve amusa mon oncle Richelieu,
Hier. Je veux vous servir auprès de lui.

LE BRET, ébloui.
Grand Dieu !

DE GUICHE.
Vous avez bien rimé cinq actes, j'imagine ?

LE BRET, à l'oreille de Cyrano.
Tu vas faire jouer, mon cher, ton *Agrippine* !

DE GUICHE.

Portez-les-lui.

CYRANO, tenté et un peu charmé.

Vraiment...

DE GUICHE.

Il est des plus experts.
Il vous corrigera seulement quelques vers...

CYRANO, dont le visage s'est immédiatement rembruni.

Impossible, Monsieur ; mon sang se coagule
En pensant qu'on y peut changer une virgule.

DE GUICHE.

Mais quand un vers lui plaît, en revanche, mon cher,
Il le paye très cher.

CYRANO.

Il le paye moins cher
Que moi, lorsque j'ai fait un vers, et que je l'aime,
Je me le paye, en me le chantant à moi-même !

DE GUICHE.

Vous êtes fier.

CYRANO.

Vraiment, vous l'avez remarqué ?

UN CADET, entrant avec, enfilés à son épée, des chapeaux aux
plumets miteux, aux coiffes trouées, défoncées.

Regarde, Cyrano ! ce matin, sur le quai,
Le bizarre gibier à plumes que nous prîmes !
Les feutres des fuyards !...

CARBON.

Des dépouilles opimes !

TOUT LE MONDE, riant.

Ah ! Ah ! Ah !

CUIGY.

Celui qui posta ces gueux, ma foi,
Doit rager aujourd'hui.

BRISSAILLE.

Sait-on qui c'est ?

DE GUICHE.

C'est moi.

(Les rires s'arrêtent.)

Je les avais chargés de châtier, — besogne
Qu'on ne fait pas soi-même, — un rimailleur ivrogne.

(Silence gêné.)

LE CADET, à mi-voix, à Cyrano, lui montrant les feutres.

Que faut-il qu'on en fasse ? Ils sont gras... Un salmis ?

CYRANO, prenant l'épée où ils sont enfilés, et les faisant, dans un
salut, tous glisser aux pieds de De Guiche.

Monsieur, si vous voulez les rendre à vos amis ?

DE GUICHE, se levant et d'une voix brève.

Ma chaise et mes porteurs, tout de suite : je monte.

(A Cyrano, violemment.)

Vous, Monsieur !...

UNE VOIX, dans la rue, criant.

Les porteurs de monseigneur le comte

De Guiche !

DE GUICHE, qui s'est dominé, avec un sourire.

...Avez-vous lu *Don Quichot* ?

CYRANO.

Je l'ai lu.

Et me découvre au nom de cet hurluberlu.

DE GUICHE.

Veuillez donc méditer alors...

UN PORTEUR, paraissant au fond.

Voici la chaise.

DE GUICHE.

Sur le chapitre des moulins !

CYRANO, saluant.

Chapitre treize.

DE GUICHE.

Car, lorsqu'on les attaque, il arrive souvent...

CYRANO.

J'attaque donc des gens qui tournent à tout vent ?

DE GUICHE.

Qu'un moulinet de leurs grands bras chargés de toiles
Vous lance dans la boue !...

CYRANO.

Ou bien dans les étoiles !

(De Guiche sort. On le voit remonter en chaise. Les seigneurs
s'éloignent en chuchotant. Le Bret les réaccompagne. La foule
sort.)

SCÈNE VIII

CYRANO, LE BRET, les Cadets, qui se sont attablés à
droite et à gauche et auxquels on sert à boire et à manger.

CYRANO, saluant d'un air goguenard ceux qui sortent
sans oser le saluer.

Messieurs... Messieurs... Messieurs...

LE BRET, désolé, redescendant, les bras au ciel.

Ah! dans quels jolis draps...

CYRANO.

Oh ! toi ! tu vas grogner !

LE BRET.

Enfin, tu conviendras
Qu'assassiner toujours la chance passagère,
Devient exagéré.

CYRANO.

Hé bien oui, j'exagère !

LE BRET, triomphant.

Ah !

CYRANO.

Mais pour le principe, et pour l'exemple aussi,
Je trouve qu'il est bon d'exagérer ainsi.

LE BRET.

Si tu laissais un peu ton âme mousquetaire,
La fortune et la gloire...

CYRANO.

Et que faudrait-il faire ?
Chercher un protecteur puissant, prendre un patron,
Et comme un lierre obscur qui circonvient un tronc

Et s'en fait un tuteur en lui léchant l'écorce,
Grimper par ruse au lieu de s'élever par force ?
Non, merci. Dédier, comme tous ils le font,
Des vers aux financiers ? se changer en bouffon
Dans l'espoir vil de voir, aux lèvres d'un ministre,
Naître un sourire, enfin, qui ne soit pas sinistre ?
Non, merci. Déjeuner, chaque jour, d'un crapaud ?
Avoir un ventre usé par la marche ? une peau
Qui plus vite, à l'endroit des genoux, devient sale ?
Exécuter des tours de souplesse dorsale ?...
Non, merci. D'une main flatter la chèvre au cou
Cependant que, de l'autre, on arrose le chou,
Et, donneur de séné par désir de rhubarbe,
Avoir son encensoir, toujours, dans quelque barbe ?
Non, merci ! Se pousser de giron en giron,
Devenir un petit grand homme dans un rond,
Et naviguer, avec des madrigaux pour rames,
Et dans ses voiles des soupirs de vieilles dames ?
Non, merci ! Chez le bon éditeur de Sercy
Faire éditer ses vers en payant ? Non, merci !
S'aller faire nommer pape par les conciles
Que dans des cabarets tiennent des imbéciles ?
Non, merci ! Travailler à se construire un nom
Sur un sonnet, au lieu d'en faire d'autres ? Non,
Merci ! Ne découvrir du talent qu'aux mazettes ?
Etre terrorisé par de vagues gazettes,
Et se dire sans cesse : « Oh, pourvu que je sois
Dans les petits papiers du *Mercure François* ?
Non, merci ! Calculer, avoir peur, être blême,
Aimer mieux faire une visite qu'un poème,
Rédiger des placets, se faire présenter ?
Non, merci ! non, merci ! non merci ! Mais... chanter,
Rêver, rire, passer, être seul, être libre,
Avoir l'œil qui regarde bien, la voix qui vibre,
Mettre, quand il vous plaît, son feutre de travers,
Pour un oui, pour un non, se battre, ou — faire un vers !
Travailler sans souci de gloire ou de fortune,
A tel voyage, auquel on pense, dans la lune !
N'écrire jamais rien qui de soi ne sortît,
Et modeste d'ailleurs, se dire : mon petit,

Sois satisfait des fleurs, des fruits, même des feuilles,
Si c'est dans ton jardin à toi que tu les cueilles !
Puis, s'il advient d'un peu triompher, par hasard,
Ne pas être obligé d'en rien rendre à César,
Vis-à-vis de soi-même en garder le mérite,
Bref, dédaignant d'être le lierre parasite,
Lors même qu'on n'est pas le chêne ou le tilleul,
Ne pas monter bien haut, peut-être, mais tout seul !

LE BRET.

Tout seul, soit ! mais non pas contre tous ! Comment
As-tu contracté la manie effroyable   [diable
De te faire toujours, partout, des ennemis ?

CYRANO.

A force de vous voir vous faire des amis,
Et rire à ces amis dont vous avez des foules,
D'une bouche empruntée au derrière des poules !
J'aime raréfier sur mes pas les saluts,
Et m'écrie avec joie : un ennemi de plus !

LE BRET.

Quelle aberration !

CYRANO.

Eh bien ! oui, c'est mon vice.
Déplaire est mon plaisir. J'aime qu'on me haïsse.
Mon cher, si tu savais comme l'on marche mieux
Sous la pistolétade excitante des yeux !
Comme, sur les pourpoints, font d'amusantes taches
Le fiel des envieux et la bave des lâches !
— Vous, la molle amitié dont vous vous entourez,
Ressemble à ces grands cols d'Italie, ajourés
Et flottants, dans lesquels votre cou s'efféminé :
On y est plus à l'aise... et de moins haute mine,
Car le front n'ayant pas de maintien ni de loi,
S'abandonne à pencher dans tous les sens. Mais moi,
La Haine, chaque jour, me tuyaute et m'apprête
La fraise dont l'empois force à lever la tête ;
Chaque ennemi de plus est un nouveau godron
Qui m'ajoute une gêne, et m'ajoute un rayon :

Car, pareille en tous points à la fraise espagnole,
La Haine est un carcan, mais c'est une auréole !

LE BRET, après un silence, passant son bras sous le sien.

Fais tout haut l'orgueilleux et l'amer, mais, tout bas,
Dis-moi tout simplement qu'elle ne t'aime pas !

CYRANO, vivement.

Tais-toi !

(Depuis un moment, Christian est entré, s'est mêlé aux cadets ; ceux-ci ne lui adressent pas la parole ; il a fini par s'asseoir seul à une petite table, où Lise le sert.)

SCÈNE IX

CYRANO, LE BRET, les Cadets, CHRISTIAN DE
NEUVILLETTE.

UN CADET, assis à une table du fond, le verre à la main.

Hé ! Cyrano !

(Cyrano se retourne.)

Le récit ?

CYRANO.

Tout à l'heure !

(Il remonte au bras de Le Bret. Ils causent bas.)

LE CADET, se levant et descendant.

Le récit du combat ! Ce sera la meilleure
Leçon

(Il s'arrête devant la table où est Christian.)

pour ce timide apprentif !

CHRISTIAN, levant la tête.

Apprentif ?

UN AUTRE CADET.

Oui, septentrional maladif !

CHRISTIAN.

Maladif ?

PREMIER CADET, goguenard.

Monsieur de Neuvillette, apprenez quelque chose :

C'est qu'il est un objet, chez nous, dont on ne **cause**
Pas plus que de cordon dans l'hôtel d'un pendu !

CHRISTIAN.

Qu'est-ce ?

UN AUTRE CADET, d'une voix terrible.

Regarde-moi !

(Il pose trois fois, mystérieusement, son doigt sur son nez.)

M'avez-vous entendu ?

CHRISTIAN.

Ah ! c'est le...

UN AUTRE.

Chut !... jamais ce mot ne se profère !

(Il montre Cyrano qui cause au fond avec Le Bret.)

Ou c'est à lui, là-bas, que l'on aurait affaire !

UN AUTRE, qui, pendant qu'il était tourné vers les premiers,
est venu sans bruit s'asseoir sur la table, dans son dos.

Deux nasillards par lui furent exterminés
Parce qu'il lui déplut qu'ils parlassent du nez !

UN AUTRE, d'une voix caverneuse, — surgissant de sous la table
où il s'est glissé à quatre pattes.

On ne peut faire, sans défuncter avant l'âge,
La moindre allusion au fatal cartilage !

UN AUTRE, lui posant la main sur l'épaule.

Un mot suffit ! Que dis-je, un mot ? Un geste, **un seul** !
Et tirer son mouchoir, c'est tirer son linceul !

(Silence. Tous autour de lui, les bras croisés, le regardent.
Il se lève et va à Carbon de Castel-Jaloux qui, causant avec un
officier, a l'air de ne rien voir.)

CHRISTIAN.

Capitaine !

CARBON, se retournant et le toisant.

Monsieur ?

CHRISTIAN.

Que fait-on quand on trouve
Des Méridionaux trop vantards ?...

CARBON.

On leur prouve
Qu'on peut être du Nord, et courageux.

(Il lui tourne le dos.)

CHRISTIAN.

Merci.

PREMIER CADET, à Cyrano.

Maintenant, ton récit !

TOUS.

Son récit !

CYRANO, redescend vers eux.

Mon récit ?...

(Tous rapprochent leurs escabeaux, se groupent autour de lui, tendent le col. Christian s'est mis à cheval sur une chaise.)

Eh bien ! donc je marchais tout seul, à leur rencontre.
La lune, dans le ciel, luisait comme une montre,
Quand soudain, je ne sais quel soigneux horloger
S'étant mis à passer un coton nuager
Sur le boîtier d'argent de cette montre ronde,
Il se fit une nuit la plus noire du monde,
Et les quais n'étant pas du tout illuminés,
Mordious ! on n'y voyait pas plus loin...

CHRISTIAN.

Que son nez.

(Silence. Tout le monde se lève lentement. On regarde Cyrano avec terreur. Celui-ci s'est interrompu, stupéfait. Attente.)

CYRANO.

Qu'est-ce que c'est que cet homme-là !

UN CADET, à mi-voix.

C'est un homme
Arrivé ce matin.

CYRANO, faisant un pas vers Christian.

Ce matin ?

CARBON, à mi-voix.

Il se nomme
Le baron de Neuvil...

CYRANO, vivement, s'arrêtant.

Ah ! c'est bien...

(Il pâlit, rougit, a encore un mouvement pour se jeter sur Christian.)

Je...

(Puis il se domine, et dit d'une voix sourde.)

Très bien...

(Il reprend.)

Je disais donc...

(Avec un éclat de rage dans la voix.)

Mordious !...

(Il continue d'un ton naturel.)

que l'on n'y voyait rien.

(Stupeur. On se rassied en se regardant.)

Et je marchais, songeant que pour un gueux fort mince
J'allais mécontenter quelque grand, quelque prince,
Qui m'aurait sûrement...

CHRISTIAN.

Dans le nez...

(Tout le monde se lève. Christian se balance sur sa chaise.)

CYRANO, d'une voix étranglée.

Une dent, —

Qui m'aurait une dent... et qu'en somme, imprudent,
J'allais fourrer...

CHRISTIAN.

Le nez...

CYRANO.

Le doigt... entre l'écorce
Et l'arbre, car ce grand pouvait être de force
A me faire donner...

CHRISTIAN.

Sur le nez...

CYRANO, essuyant la sueur à son front.

Sur les doigts.

— Mais j'ajoutai : Marche, Gascon, fais ce que dois !
Va, Cyrano ! Et ce disant, je me hasarde,
Quand, dans l'ombre, quelqu'un me porte...

CHRISTIAN.

Une nasarde.

CYRANO.

Je la pare, et soudain me trouve...

CHRISTIAN.

Nez à nez...

CYRANO, bondissant vers lui.

Ventre-Saint-Gris !

(Tous les Gascons se précipitent pour voir ; arrivé sur Christian, il se maîtrise et continue.)

avec cent braillards avinés

qui puaient...

CHRISTIAN.

A plein nez...

CYRANO, blême et souriant.

L'oignon et la litharge !

Je bondis, front baissé...

CHRISTIAN.

Nez au vent !

CYRANO.

et je charge !

J'en estomaque deux ! J'en empale un tout vif !
Quelqu'un m'ajuste : Paf ! et je riposte...

CHRISTIAN.

Pif !

CYRANO, éclatant.

Tonnerre ! Sortez tous !

(Tous les cadets se précipitent vers les portes.)

PREMIER CADET.

C'est le réveil du tigre !

CYRANO.

Tous ! Et laissez-moi seul avec cet homme !

DEUXIÈME CADET.

Bigre !

On va le retrouver en hachis !

RAGUENEAU.

En hachis ?

UN AUTRE CADET.

Dans un de vos pâtés !

RAGUENEAU.

Je sens que je blanchis,
Et que je m'amollis comme une serviette !

CARBON.

Sortons !

UN AUTRE.

Il n'en va pas laisser une miette ! *crumb*

UN AUTRE.

Ce qui va se passer ici, j'en meurs d'effroi !

UN AUTRE, refermant la porte de droite.

Quelque chose d'épouvantable !

(Ils sont tous sortis, — soit par le fond, soit par les côtés, — quelques-uns ont disparu par l'escalier. Cyrano et Christian restent face à face, et se regardent un moment.)

SCÈNE X

CYRANO, CHRISTIAN.

CYRANO.

Embrasse-moi !

CHRISTIAN.

Monsieur...

CYRANO.

Brave.

CHRISTIAN.

Ah çà ! mais !...

CYRANO.

Très brave. Je préfère.

CHRISTIAN.

Me direz-vous ?...

CYRANO.

Embrasse-moi. Je suis son frère.

CHRISTIAN.

De qui ?

CYRANO.

Mais d'elle !

CHRISTIAN.

Hein ?...

CYRANO.

Mais de Roxane !

CHRISTIAN, courant à lui.

Ciel !

Vous, son frère ?

CYRANO.

Ou tout comme : un cousin fraternel.

CHRISTIAN.

Elle vous a ?...

CYRANO.

Tout dit !

CHRISTIAN.

M'aime-t-elle ?

CYRANO.

Peut-être !

CHRISTIAN, lui prenant les mains.

Comme je suis heureux, Monsieur, de vous connaître !

CYRANO.

Voilà ce qui s'appelle un sentiment soudain.

CHRISTIAN.

Pardonnez-moi...

CYRANO, le regardant, et lui mettant la main sur l'épaule.

C'est vrai qu'il est beau, le gredin !

CHRISTIAN.

Si vous saviez, Monsieur, comme je vous admire !

CYRANO.

Mais tous ces nez que vous m'avez...

CHRISTIAN.

Je les retire !

CYRANO.

Roxane attend ce soir une lettre...

CHRISTIAN.

Hélas !

CYRANO.

Quoi ?

CHRISTIAN.

C'est me perdre que de cesser de rester coi !

CYRANO.

Comment ?

CHRISTIAN.

Las ! je suis sot à m'en tuer de honte.

CYRANO.

Mais non, tu ne l'es pas, puisque tu t'en rends compte.
D'ailleurs, tu ne m'as pas attaqué comme un sot.

CHRISTIAN.

Bah ! on trouve des mots quand on monte à l'assaut !
Oui, j'ai certain esprit facile et militaire.
Mais je ne sais, devant les femmes, que me taire.
Oh! leurs yeux, quand je passe, ont pour moi des bontés...

CYRANO.

Leurs cœurs n'en ont-ils plus quand vous vous arrêtez ?

CHRISTIAN.

Non ! car je suis de ceux, — je le sais... et je tremble ! —
Qui ne savent parler d'amour...

CYRANO.

Tiens !... Il me semble
Que si l'on eût pris soin de me mieux modeler, *more handsome*
J'aurais été de ceux qui savent en parler.

CHRISTIAN.

Oh ! pouvoir exprimer les choses avec grâce ! *their separate wishes*

CYRANO.

Etre un joli petit mousquetaire qui passe !

CHRISTIAN.

Roxane est précieuse et sûrement je vais
Désillusionner Roxane !

CYRANO, regardant Christian.

Si j'avais
Pour exprimer mon âme un pareil interprète !

CHRISTIAN, avec désespoir.

Il me faudrait de l'éloquence !

CYRANO, brusquement.

Je t'en prête !
Toi, du charme physique et vainqueur, prête-m'en :
Et faisons à nous deux un héros de roman !

CHRISTIAN.

Quoi ?

CYRANO.

Te sens-tu de force à répéter les choses

Que chaque jour je t'apprendrai ?...

CHRISTIAN.

Tu me proposes ?...

CYRANO.

Roxane n'aura pas de désillusions !
Dis, veux-tu qu'à nous deux nous la séduisions ?
Veux-tu sentir passer, de mon pourpoint de buffle
Dans ton pourpoint brodé, l'âme que je t'insuffle !...

CHRISTIAN.

Mais, Cyrano !..

CYRANO.

Christian, veux-tu ?

CHRISTIAN.

Tu me fais peur !

CYRANO.

Puisque tu crains, tout seul, de refroidir son cœur,
Veux-tu que nous fassions — et bientôt tu l'embrases ! —
Collaborer un peu tes lèvres et mes phrases ?...

CHRISTIAN.

Tes yeux brillent !...

CYRANO.

Veux-tu ?...

CHRISTIAN.

Quoi ! cela te ferait

Tant de plaisir ?...

CYRANO, avec enivrement.

Cela...

(Se reprenant, et en artiste.)

Cela m'amuserait !
C'est une expérience à tenter un poète.
Veux-tu me compléter et que je te complète ?
Tu marcheras, j'irai dans l'ombre à ton côté :
Je serai ton esprit, tu seras ma beauté.

CHRISTIAN.

Mais la lettre qu'il faut, au plus tôt, lui remettre !
Je ne pourrai jamais...

CYRANO, *sortant de son pourpoint la lettre qu'il a écrite.*
Tiens, la voilà, ta lettre !

CHRISTIAN.

Comment ?

except for CYRANO.

Hormis l'adresse, il n'y manque plus rien.

CHRISTIAN.

Je...

CYRANO.

Tu peux l'envoyer. Sois tranquille. Elle est bien.

CHRISTIAN.

Vous aviez ?...

CYRANO.

Nous avons toujours, nous, dans nos poches,
Des épîtres à des Chloris... de nos caboches, *head*   *heroine of a*
Car nous sommes ceux-là qui pour amante n'ont   *novel*
Que du rêve soufflé dans la bulle d'un nom !...
Prends, et tu changeras en vérités ces feintes ;
Je lançais au hasard ces aveux et ces plaintes :
Tu verras se poser tous ces oiseaux errants.
Tu verras que je fus dans cette lettre — prends ! —
D'autant plus éloquent que j'étais moins sincère !
Prends donc, et finissons !

CHRISTIAN.

N'est-il pas nécessaire
De changer quelques mots ? Ecrite en divaguant,
Ira-t-elle à Roxane ?

CYRANO.

Elle ira comme un gant !

CHRISTIAN.

Mais...

CYRANO.

La crédulité de l'amour-propre est telle,
Que Roxane croira que c'est écrit pour elle !

CHRISTIAN.

Ah ! mon ami !
(Il se jette dans les bras de Cyrano. Ils restent embrassés.)

SCÈNE XI

CYRANO, CHRISTIAN, les Gascons, le Mousquetaire,
LISE.

UN CADET, entr'ouvant la porte.

Plus rien... Un silence de mort...

Je n'ose regarder...

(Il passe la tête.)

Hein ?

TOUS LES CADETS, entrant et voyant Cyrano et Christian
qui s'embrassent.

Ah !... Oh !...

UN CADET.

C'est trop fort !

(Consternation.)

LE MOUSQUETAIRE, goguenard.

Ouais ?...

CARBON.

Notre démon est doux comme un apôtre !

Quand sur une narine on le frappe, — il tend l'autre ?

LE MOUSQUETAIRE.

On peut donc lui parler de son nez, maintenant ?...

(Appelant Lise, d'un air triomphant.)

— Eh ! Lise ! Tu vas voir !

(Humant l'air avec affectation.)

Oh !... oh !... c'est surprenant !

Quelle odeur !...

(Allant à Cyrano, dont il regarde le nez avec impertinence.)

Mais monsieur doit l'avoir reniflée ?

Qu'est-ce que cela sent ici ?...

CYRANO, le souffletant.

La giroflée !

(Joie. Les cadets ont retrouvé Cyrano ; ils font des culbutes.
Rideau.)

TROISIÈME ACTE

LE BAISER DE ROXANE

central act

TROISIÈME ACTE

LE BAISER DE ROXANE

Une petite place dans l'ancien Marais. Vieilles maisons. Perspectives de ruelles. A droite, la maison de Roxane et le mur de son jardin qui débordent de larges feuillages. Au-dessus de la porte, fenêtre et balcon. Un banc devant le seuil.

Du lierre grimpe au mur, du jasmin enguirlande le balcon, frissonne et retombe.

Par le banc et les pierres en saillie du mur, on peut facilement grimper au balcon.

En face, une ancienne maison de même style, brique et pierre, avec une porte d'entrée. Le heurtoir de cette porte est emmailloté *swaddle bound* de linge comme un pouce malade.

Au lever de rideau, la duègne est assise sur le banc. La fenêtre est grande ouverte sur le balcon de Roxane.

Près de la duègne se tient debout Ragueneau, vêtu d'une sorte de livrée : il termine un récit, en s'essuyant les yeux.

livery

SCÈNE PREMIÈRE

RAGUENEAU, la Duègne, puis ROXANE, CYRANO
et deux Pages.

RAGUENEAU.

...Et puis, elle est partie avec un mousquetaire !
Seul, ruiné, je me pends. J'avais quitté la terre.
Monsieur de Bergerac entre, et, me dépendant,
Me vient à sa cousine offrir comme intendant.

LA DUÈGNE.

Mais comment expliquer cette ruine où vous êtes ?

RAGUENEAU.

Lise aimait les guerriers, et j'aimais les poètes !
Mars mangeait les gâteaux que laissait Apollon :
— Alors, vous comprenez, cela ne fut pas long !

LA DUÈGNE, se levant et appelant vers la fenêtre ouverte.
Roxane, êtes-vous prête ?... On nous attend !

LA VOIX DE ROXANE, par la fenêtre.

Je passe

Une mante !

LA DUÈGNE, à Ragueneau, lui montrant la porte d'en face.
C'est là qu'on nous attend, en face.
Chez Clomire. Elle tient bureau, dans son réduit.
On y lit un discours sur le Tendre, aujourd'hui.

RAGUENEAU.

Sur le Tendre ?

LA DUÈGNE, minaudant.

Mais oui !...

(Criant vers la fenêtre.)
Roxane, il faut descendre,
Ou nous allons manquer le discours sur le Tendre !

LA VOIX DE ROXANE.

Je viens !
(On entend un bruit d'instruments à cordes qui se rapproche.)

LA VOIX DE CYRANO, chantant dans la coulisse.
La ! la ! la ! la !

LA DUÈGNE, surprise.

On nous joue un morceau ?

CYRANO, suivi de deux pages porteurs de théorbes.

Je vous dis que la croche est triple, triple sot !

PREMIER PAGE, ironique.

Vous savez donc, Monsieur, si les croches sont triples ?

CYRANO.

**Je suis musicien, comme tous les disciples
De Gassendi !**

LE PAGE, jouant et chantant.

La ! la !

CYRANO, lui arrachant le théorbe et continuant la phrase musicale.

Je peux continuer !...

La ! la ! la ! la !

ROXANE, paraissant sur le balcon.

C'est vous ?

CYRANO, chantant sur l'air qu'il continue.

Moi qui viens saluer

Vos lys, et présenter mes respects à vos ro...ses !

ROXANE.

Je descends !

(Elle quitte le balcon.)

LA DUÈGNE, montrant les pages.

Qu'est-ce donc que ces deux virtuoses ?

CYRANO.

**C'est un pari que j'ai gagné sur d'Assoucy.
Nous discutions un point de grammaire. — Non! — Si! —
Quand soudain me montrant ces deux grands escogriffes
Habiles à gratter les cordes de leurs griffes,
Et dont il fait toujours son escorte, il me dit :
« Je te parie un jour de musique ! » Il perdit.
Jusqu'à ce que Phœbus recommence son orbe,
J'ai donc sur mes talons ces joueurs de théorbe,
De tout ce que je fais harmonieux témoins !...
Ce fut d'abord charmant, et ce l'est déjà moins.**

(Aux musiciens.)

Hep !... Allez de ma part jouer une pavane

because he doesn't like

A Montfleury !...

> (Les pages remontent pour sortir. — A la duègne.)
>
> Je viens demander à Roxane

Ainsi que chaque soir...

> (Aux pages qui sortent.)
>
> Jouez longtemps, — et faux !

(A la duègne.)

...Si l'ami de son âme est toujours sans défauts ?

> ROXANE, sortant de la maison.

Ah ! qu'il est beau, qu'il a d'esprit et que je l'aime !

> CYRANO, souriant.

Christian a tant d'esprit ?...

> ROXANE.
>
> Mon cher, plus que vous-même !

> CYRANO.

J'y consens.

> ROXANE.
>
> Il ne peut exister à mon goût

Plus fin diseur de ces jolis riens qui sont tout.
Parfois il est distrait, ses Muses sont absentes ;
Puis, tout à coup, il dit des choses ravissantes !

inspiration

> CYRANO, incrédule.

Non ?

> ROXANE.
>
> C'est trop fort ! Voilà comme les hommes sont :

Il n'aura pas d'esprit puisqu'il est beau garçon !

> CYRANO.

Il sait parler du cœur d'une façon experte ?

> ROXANE.

Mais il n'en parle pas, Monsieur, il en disserte !

> CYRANO.

Il écrit ?

> ROXANE.
>
> Mieux encor ! Ecoutez donc un peu :

(Déclamant.)

« *Plus tu me prends de cœur, plus j'en ai !...* »

> (Triomphante.)
>
> Eh ! bien !

CYRANO.

Peuh !...

ROXANE.

Et ceci : « *Pour souffrir, puisqu'il m'en faut un autre,*
Si vous gardez mon cœur, envoyez-moi le vôtre ! »

CYRANO.

Tantôt il en a trop et tantôt pas assez.
Qu'est-ce au juste qu'il veut, de cœur ?...

ROXANE, frappant du pied.

Vous m'agacez !

C'est la jalousie...

CYRANO, tressaillant.

Hein !...

ROXANE.

...d'auteur qui vous dévore !
— Et ceci, n'est-il pas du dernier tendre encore ?
« *Croyez que devers vous mon cœur ne fait qu'un cri,*
Et que si les baisers s'envoyaient par écrit,
Madame, vous liriez ma lettre avec les lèvres !... »

CYRANO, souriant malgré lui de satisfaction.

Ha ! ha ! ces lignes-là sont.. hé ! hé !

(Se reprenant et avec dédain.)

mais bien mièvres !

ROXANE.

Et ceci...

CYRANO, ravi.

Vous savez donc ses lettres par cœur ?

ROXANE.

Toutes !

CYRANO, frisant sa moustache.

Il n'y a pas à dire : c'est flatteur !

ROXANE.

C'est un maître !

CYRANO, modeste.

Oh !... un maître !...

ROXANE, péremptoire.

Un maître !...

CYRANO, saluant,

Soit !... un maître !

LA DUÈGNE, qui était remontée, redescend vivement.
Monsieur de Guiche !

(A Cyrano, le poussant vers la maison.)

Entrez !... car il vaut mieux, peut-être,
Qu'il ne vous trouve pas ici ; cela pourrait
Le mettre sur la piste...

ROXANE, à Cyrano.

Oui, de mon cher secret !
Il m'aime, il est puissant, il ne faut pas qu'il sache !
Il peut dans mes amours donner un coup de hache !

CYRANO, entrant dans la maison.

Bien ! bien ! bien !
(De Guiche paraît.)

SCÈNE II

ROXANE, DE GUICHE, la Duègne, à l'écart.

ROXANE, à de Guiche, lui faisant une révérence.
Je sortais.

DE GUICHE.

Je viens prendre congé.

ROXANE.

Vous partez ?

DE GUICHE.

Pour la guerre.

ROXANE.

Ah !

DE GUICHE.

Ce soir même.

ROXANE.

Ah !

DE GUICHE.

J'ai
Des ordres. On assiège Arras.

ROXANE.

Ah !... on assiège ?...

DE GUICHE.

Oui... Mon départ a l'air de vous laisser de neige.

ROXANE, poliment.

Oh !...

DE GUICHE.

Moi, je suis navré. Vous reverrai-je ?... Quand ?
— Vous savez que je suis nommé mestre de camp ?

ROXANE, indifférente.

Bravo.

DE GUICHE.

Du régiment des gardes.

ROXANE, saisie.

Ah ! des gardes ?

DE GUICHE.

Où sert votre cousin, l'homme aux phrases vantardes.
Je saurai me venger de lui, là-bas.

ROXANE, suffoquée.

Comment !

Les gardes vont là-bas ?

DE GUICHE, riant.

Tiens ! c'est mon régiment !

ROXANE, tombant assise sur le banc, — à part.

Christian !

DE GUICHE.

Qu'avez-vous ?

ROXANE, toute émue.

Ce... départ... me désespère !
Quand on tient à quelqu'un, le savoir à la guerre !

DE GUICHE, surpris et charmé.

Pour la première fois me dire un mot si doux,
Le jour de mon départ !

ROXANE, changeant de ton et s'éventant.

Alors, — vous allez vous

Venger de mon cousin ?...

DE GUICHE, souriant.

On est pour lui ?

ROXANE.

Non, — contre !

DE GUICHE.

Vous le voyez ?

ROXANE.

Très peu.

DE GUICHE.

Partout on le rencontre

Avec un des cadets...

(Il cherche le nom.)

ce Neu... villen... viller...

ROXANE.

Un grand ?

DE GUICHE.

Blond.

ROXANE.

Roux.

DE GUICHE.

Beau !

ROXANE.

Peuh !

DE GUICHE.

Mais bête.

ROXANE.

Il en a l'air !

(Changeant de ton.)

...Votre vengeance envers Cyrano, — c'est peut-être
De l'exposer au feu, qu'il adore ?... Elle est piètre !
Je sais bien, moi, ce qui lui serait sanglant !

DE GUICHE.

C'est ?...

ROXANE.

Mais si le régiment, en partant, le laissait

Avec ses chers cadets, pendant toute la guerre,
A Paris, bras croisés !... C'est la seule manière,
Un homme comme lui, de le faire enrager :
Vous voulez le punir ? privez-le de danger.

DE GUICHE.

Une femme ! une femme ! il n'y a qu'une femme
Pour inventer ce tour !

ROXANE.

Il se rongera l'âme,
Et ses amis les poings, de n'être pas au feu :
Et vous serez vengé !

DE GUICHE, se rapprochant.

Vous m'aimez donc un peu !

(Elle sourit.)

Je veux voir dans ce fait d'épouser ma rancune
Une preuve d'amour, Roxane !...

ROXANE.

C'en est une.

DE GUICHE, montrant plusieurs plis cachetés

J'ai les ordres sur moi qui vont être transmis
A chaque compagnie, à l'instant même, hormis...

(Il en détache un.)

Celui-ci ! C'est celui des cadets.

(Il le met dans sa poche.)

Je le garde.

(Riant.)

Ah ! ah ! ah ! Cyrano !... Son humeur bataillarde !...
— Vous jouez donc des tours aux gens, vous ?...

ROXANE, le regardant.

Quelquefois.

DE GUICHE, tout près d'elle.

Vous m'affolez ! Ce soir — écoutez — oui, je dois
Etre parti. Mais fuir quand je vous sens émue !...
Ecoutez. Il y a, près d'ici, dans la rue
D'Orléans, un couvent fondé par le syndic
Des capucins, le Père Athanase. Un laïc

N'y peut entrer. Mais les bons Pères, je m'en charge !...
Ils peuvent me cacher dans leur manche : elle est large.
— Ce sont les capucins qui servent Richelieu
Chez lui ; redoutant l'oncle, ils craignent le neveu. —
On me croira parti. Je viendrai sous le masque.
Laisse-moi retarder d'un jour, chère fantasque !

ROXANE, vivement.

Mais si cela s'apprend, votre gloire...

DE GUICHE.

Bah !

ROXANE.

Mais

Le siège, Arras...

DE GUICHE.

Tans pis ! Permettez !

ROXANE.

Non !

DE GUICHE.

Permets !

ROXANE, tendrement.

Je dois vous le défendre !

DE GUICHE.

Ah !

ROXANE.

Partez !

(A part.)

Christian reste.

(Haut.)

Je vous veux héroïque, — Antoine !

DE GUICHE.

Mot céleste !

Vous aimez donc celui ?...

ROXANE.

Pour lequel j'ai frémi.

DE GUICHE, transporté de joie.

Je pars !

(Il lui baise la main.)

Etes-vous contente ?

ROXANE.

Oui, mon ami !

(Il sort.)

LA DUÈGNE, lui faisant dans le dos une révérence comique.

Oui, mon ami !

ROXANE, à la duègne.

Taisons ce que je viens de faire :

Cyrano m'en voudrait de lui voler sa guerre !

(Elle appelle vers la maison.)

Cousin !

would be very cross.

SCÈNE III

ROXANE, la Duègne, CYRANO.

ROXANE.

Nous allons chez Clomire.

(Elle désigne la porte d'en face.

Alcandre y doit

Parler, et Lysimon !

LA DUÈGNE, mettant son petit doigt dans son oreille.

Oui ! mais mon petit doigt

Dit qu'on va les manquer !

CYRANO, à Roxane.

Ne manquez pas ces singes.

(Ils sont arrivés devant la porte de Clomire.)

LA DUÈGNE, avec ravissement.

Oh ! voyez ! le heurtoir est entouré de linges !...

(Au heurtoir.)

On vous a bâillonné pour que votre métal

Ne troublât pas les beaux discours, — petit brutal !

(Elle le soulève avec des soins infinis et frappe doucement.)

ROXANE, voyant qu'on ouvre.

Entrons !...

(Du seuil, à Cyrano.)

Si Christian vient, comme je présume,
Qu'il m'attende !

CYRANO, vivement comme elle va disparaître.

Ah !...

(Elle se retourne.)

Sur quoi, selon votre coutume,
Comptez-vous aujourd'hui l'interroger ?

ROXANE.

Sur...

CYRANO, vivement.

Sur ?

ROXANE.

Mais vous serez muet, là-dessus !

CYRANO.

Comme un mur.

ROXANE.

Sur rien !... Je vais lui dire : Allez ! Partez sans bride !
Improvisez. Parlez d'amour. Soyez splendide !

CYRANO, souriant.

Bon.

ROXANE.

Chut !...

CYRANO.

Chut !...

ROXANE.

Pas un mot !...

(Elle rentre et referme la porte.)

CYRANO, la saluant, la porte une fois fermée.

En vous remerciant.

(La porte se rouvre et Roxane passe la tête.)

ROXANE.

Il se préparerait !...

CYRANO.

Diable, non !...

TOUS LES DEUX, ensemble.

Chut !...

(La porte se ferme.)

CYRANO, appelant.

Christian !

SCÈNE IV

CYRANO, CHRISTIAN

CYRANO.

Je sais tout ce qu'il faut. Prépare ta mémoire.
Voici l'occasion de se couvrir de gloire.
Ne perdons pas de temps. Ne prends pas l'air grognon.
Vite, rentrons chez toi, je vais t'apprendre...

CHRISTIAN.

Non !

CYRANO.

Hein ?

CHRISTIAN.

Non ! J'attends Roxane ici.

CYRANO.

De quel vertige
Es-tu frappé ? Viens vite apprendre...

CHRISTIAN.

Non, te dis-je !
Je suis las d'emprunter mes lettres, mes discours,
Et de jouer ce rôle, et de trembler toujours !...
C'était bon au début ! Mais je sens qu'elle m'aime !
Merci. Je n'ai plus peur. Je vais parler moi-même.

CYRANO.

Ouais !

CHRISTIAN.

Et qui te dit que je ne saurai pas ?...
Je ne suis pas si bête à la fin ! Tu verras !
Mais, mon cher, tes leçons m'ont été profitables.
Je saurai parler seul ! Et, de par tous les diables,

Je saurai bien toujours la prendre dans mes bras !...
(Apercevant Roxane, qui ressort de chez Clomire.)
— C'est elle ! Cyrano, non, ne me quitte pas !

CYRANO, le saluant.

Parlez tout seul, Monsieur.

(Il disparaît derrière le mur du jardin.)

SCÉNE V

CHRISTIAN, ROXANE, quelques Précieux et Précieuses,
et la Duègne, un instant.

ROXANE, sortant de la maison de Clomire avec une compagnie
qu'elle quitte : révérences et saluts.

Barthénoïde ! — Alcandre ! —
Grémione !...

LA DUÈGNE, désespérée.

On a manqué le discours sur le Tendre !

(Elle rentre chez Roxane.)

ROXANE, saluant encore.

Urimédonte ... Adieu !...

(Tous saluent Roxane, se resaluent entre eux, se séparent et
s'éloignent par différentes rues. Roxane voit Christian.)

C'est vous !...

(Elle va à lui.)

Le soir descend.
Attendez. Ils sont loin. L'air est doux. Nul passant.
Asseyons-nous. Parlez. J'écoute.

CHRISTIAN, s'assied près d'elle, sur le banc. Un silence.

Je vous aime.

ROXANE, fermant les yeux.

Oui, parlez-moi d'amour.

CHRISTIAN.

Je t'aime.

ROXANE.

C'est le thème.
Brodez, brodez.

CHRISTIAN.

Je vous...

ROXANE.

Brodez !

CHRISTIAN.

Je t'aime tant.

ROXANE.

Sans doute. Et puis ?

CHRISTIAN.

Et puis... je serais si content
Si vous m'aimiez ! — Dis-moi, Roxane, que tu m'aimes !

ROXANE, avec une moue.

Vous m'offrez du brouet quand j'espérais des crèmes !
Dites un peu comment vous m'aimez ?...

CHRISTIAN.

Mais... beaucoup.

ROXANE.

Oh... Délabyrinthez vos sentiments !

CHRISTIAN, qui s'est rapproché et dévore des yeux la nuque blonde.

Ton cou !

Je voudrais l'embrasser !...

ROXANE.

Christian !

CHRISTIAN.

Je t'aime !

ROXANE, voulant se lever.

Encore !

CHRISTIAN, vivement, la retenant.

Non, je ne t'aime pas !

ROXANE, se rasseyant.

C'est heureux !

CHRISTIAN.

Je t'adore !

ROXANE, se levant et s'éloignant.

Oh !

CHRISTIAN.

Oui... je deviens sot !

ROXANE, sèchement.

Et cela me déplaît !

Comme il me déplairait que vous devinssiez laid.

CHRISTIAN.

Mais...

ROXANE.

Allez rassembler votre éloquence en fuite !

CHRISTIAN.

Je...

ROXANE.

Vous m'aimez, je sais. Adieu.

(Elle va vers la maison.)

CHRISTIAN.

Pas tout de suite !

Je vous dirai...

ROXANE, poussant la porte pour rentrer.

Que vous m'adorez... oui, je sais.

Non ! non ! Allez-vous-en !

CHRISTIAN.

Mais je...

(Elle lui ferme la porte au nez.)

CYRANO, qui depuis un moment est rentré sans être vu.

C'est un succès.

SCÈNE VI

CHRISTIAN, CYRANO, les Pages, un instant.

CHRISTIAN.

Au secours !

CYRANO.

Non monsieur.

CHRISTIAN.

Je meurs si je ne rentre

En grâce, à l'instant même...

CYRANO.

Et comment puis-je, diantre!

Vous faire à l'instant même, apprendre ?...

CHRISTIAN, lui saisissant le bras.

Oh! là, tiens, vois!

(La fenêtre du balcon s'est éclairée.)

CYRANO, ému.

Sa fenêtre !

CHRISTIAN, criant.

Je vais mourir !

CYRANO.

Baissez la voix !

CHRISTIAN, tout bas.

Mourir !...

CYRANO.

La nuit est noire...

CHRISTIAN.

Eh ! bien ?

CYRANO.

C'est réparable.
Vous ne méritez pas... Mets-toi là, misérable !
Là, devant le balcon ! Je me mettrai dessous...
Et je te soufflerai tes mots.

CHRISTIAN.

Mais...

CYRANO.

Taisez-vous !

LES PAGES, reparaissant au fond, à Cyrano.

Hep !

CYRANO.

Chut !...

(Il leur fait signe de parler bas.)

PREMIER PAGE, à mi-voix.

Nous venons de donner la sérénade
A Montfleury !...

CYRANO, bas, vite.

Allez vous mettre en embuscade
L'un à ce coin de rue, et l'autre à celui-ci ;
Et si quelque passant gênant vient par ici,
Jouez un air !

DEUXIÈME PAGE.

Quel air, monsieur le gassendiste ?

CYRANO.

Joyeux pour une femme, et pour un homme, triste !

(Les pages disparaissent, un à chaque coin de rue. — A Christian.)

Appelle-la !

CHRISTIAN.

Roxane !

CYRANO, ramassant des cailloux qu'il jette dans les vitres.

Attends ! Quelques cailloux.

SCÈNE VII

ROXANE, CHRISTIAN, CYRANO, d'abord caché
sous le balcon.

ROXANE, entr'ouvrant sa fenêtre.

Qui donc m'appelle ?

CHRISTIAN.

Moi.

ROXANE.

Qui, moi ?

CHRISTIAN.

Christian.

ROXANE, avec dédain.

C'est vous ?

CHRISTIAN.

Je voudrais vous parler.

CYRANO, sous le balcon, à Christian.

Bien. Bien. Presque à voix basse.

ROXANE.

Non ! Vous parlez trop mal. Allez-vous-en !

CHRISTIAN.

De grâce !...

ROXANE.

Non ! Vous ne m'aimez plus !

CHRISTIAN, à qui Cyrano souffle ses mots.

M'accuser, — justes dieux !—
De n'aimer plus... quand... j'aime plus !

ROXANE, qui allait refermer sa fenêtre, s'arrêtant.

Tiens, mais c'est mieux !

CHRISTIAN, même jeu.

L'amour grandit bercé dans mon àme inquiète...
Que ce... cruel marmot prit pour... barcelonnette !

ROXANE, s'avançant sur le balcon.

C'est mieux ! — Mais, puisqu'il est cruel, vous fûtes sot
De ne pas, cet amour, l'étouffer au berceau !

CHRISTIAN, même jeu.

Aussi l'ai-je tenté, mais... tentative nulle :
Ce... nouveau-né, Madame, est un petit... Hercule.

ROXANE

C'est mieux !

CHRISTIAN, même jeu.

De sorte qu'il... strangula comme rien...
Les deux serpents... Orgueil et... Doute.

ROXANE, s'accoudant au balcon.

Ah ! c'est très bien.
— Mais pourquoi parlez-vous de façon peu hâtive ?
Auriez-vous donc la goutte à l'imaginative ?

CYRANO, tirant Christian sous le balcon et se glissant à sa place.

Chut ! Cela devient trop difficile !...

ROXANE.

Aujourd'hui...
Vos mots sont hésitants. Pourquoi ?

CYRANO, parlant à mi-voix, comme Christian.

C'est qu'il fait nuit,
Dans cette ombre, à tâtons, ils cherchent votre oreille.

ROXANE.

Les miens n'éprouvent pas difficulté pareille.

CYRANO.

Ils trouvent tout de suite ? oh ! cela va de soi,
Puisque c'est dans mon cœur, eux, que je les reçois ;
Or, moi, j'ai le cœur grand, vous, l'oreille petite.
D'ailleurs vos mots à vous, descendent : ils vont vite,
Les miens montent, Madame : il leur faut plus de temps !

ROXANE.

Mais ils montent bien mieux depuis quelques instants.

CYRANO.

De cette gymnastique, ils ont pris l'habitude !

ROXANE.

Je vous parle, en effet, d'une vraie altitude !

CYRANO.

Certes, et vous me tueriez si de cette hauteur
Vous me laissiez tomber un mot dur sur le cœur !

ROXANE, avec un mouvement.

Je descends !

CYRANO, vivement.

Non !

ROXANE, lui montrant le banc qui est sous le balcon.

Grimpez sur le banc, alors, vite !

CYRANO, reculant avec effroi dans la nuit.

Non !

ROXANE.

Comment... non ?

CYRANO, que l'émotion gagne de plus en plus.

Laissez un peu que l'on profite...
De cette occasion qui s'offre... de pouvoir
Se parler doucement, sans se voir.

ROXANE.

Sans se voir ?

CYRANO.

Mais oui, c'est adorable. On se devine à peine.
Vous voyez la noirceur d'un long manteau qui traîne,
J'aperçois la blancheur d'une robe d'été :
Moi je ne suis qu'une ombre, et vous qu'une clarté !
Vous ignorez pour moi ce que sont ces minutes !
Si quelquefois je fus éloquent...

ROXANE.

Vous le fûtes !

CYRANO.

Mon langage jamais jusqu'ici n'est sorti
De mon vrai cœur...

ROXANE.

Pourquoi ?

CYRANO.

Parce que... jusqu'ici
Je parlais à travers...

ROXANE.

Quoi ?

CYRANO.

...le vertige où tremble
Quiconque est sous vos yeux !... Mais, ce soir, il me
Que je vais vous parler pour la première fois !   [semble...

ROXANE.

C'est vrai que vous avez une tout autre voix.

CYRANO, se rapprochant avec fièvre.

Oui, tout autre, car dans la nuit qui me protège
J'ose être enfin moi-même, et j'ose...

(Il s'arrête et, avec égarement.)

Où en étais-je ?
Je ne sais.... tout ceci, — pardonnez mon émoi, —
C'est si délicieux... c'est si nouveau pour moi !

ROXANE.

Si nouveau ?

CYRANO, bouleversé, et essayant toujours de rattraper ses mots.

Si nouveau... mais oui... d'être sincère :
La peur d'être raillé, toujours au cœur me serre...

ROXANE.

Raillé de quoi ?

CYRANO.

Mais de... d'un élan !... Oui, mon cœur
Toujours, de mon esprit s'habille, par pudeur :
Je pars pour décrocher l'étoile, et je m'arrête
Par peur du ridicule, à cueillir la fleurette !

ROXANE.

La fleurette a du bon.

CYRANO.

Ce soir, dédaignons-la !

ROXANE.

Vous ne m'aviez jamais parlé comme cela !

CYRANO.

Ah ! si, loin des carquois, des torches et des flèches,
On se sauvait un peu vers des choses... plus fraîches !
Au lieu de boire goutte à goutte, en un mignon
Dé à coudre d'or fin, l'eau fade du Lignon,
Si l'on tentait de voir comment l'âme s'abreuve
En buvant largement à même le grand fleuve !

ROXANE.

Mais l'esprit ?...

CYRANO.

J'en ai fait pour vous faire rester
D'abord, mais maintenant ce serait insulter
Cette nuit, ces parfums, cette heure, la Nature,
Que de parler comme un billet doux de Voiture !
— Laissons, d'un seul regard de ses astres, le ciel
Nous désarmer de tout notre artificiel :
Je crains tant que parmi notre alchimie exquise
Le vrai du sentiment ne se volatilise,
Que l'âme ne se vide à ces passe-temps vains,
Et que le fin du fin ne soit la fin des fins !

ROXANE.

Mais l'esprit ?...

CYRANO.

Je le hais, dans l'amour ! C'est un crime
Lorsqu'on aime de trop prolonger cette escrime !
Le moment vient d'ailleurs inévitablement,
— Et je plains ceux pour qui ne vient pas ce moment ! —
Où nous sentons qu'en nous une amour noble existe
Que chaque joli mot que nous disons rend triste !

ROXANE.

Eh bien ! si ce moment est venu pour nous deux,
Quels mots me direz-vous ?

CYRANO.

Tous ceux, tous ceux, tous ceux
Qui me viendront, je vais vous les jeter, en touffe,
Sans les mettre en bouquets : je vous aime, j'étouffe,
Je t'aime, je suis fou, je n'en peux plus, c'est trop ;
Ton nom est dans mon cœur comme dans un grelot,
Et comme tout le temps, Roxane, je frissonne,
Tout le temps, le grelot s'agite, et le nom sonne !
De toi, je me souviens de tout, j'ai tout aimé :
Je sais que l'an dernier, un jour, le douze mai,
Pour sortir le matin tu changeas de coiffure !
J'ai tellement pris pour clarté ta chevelure
Que, comme lorsqu'on a trop fixé le soleil,
On voit sur toute chose ensuite un rond vermeil,
Sur tout, quand j'ai quitté les feux dont tu m'inondes,
Mon regard ébloui pose des taches blondes !

ROXANE, d'une voix troublée.

Oui, c'est bien de l'amour...

CYRANO.

Certes, ce sentiment
Qui m'envahit, terrible et jaloux, c'est vraiment
De l'amour, il en a toute la fureur triste !
De l'amour, — et pourtant il n'est pas égoïste !
Ah ! que pour ton bonheur je donnerais le mien,
Quand même tu devrais n'en savoir jamais rien,
S'il se pouvait, parfois, que de loin, j'entendisse
Rire un peu le bonheur né de mon sacrifice !
— Chaque regard de toi suscite une vertu
Nouvelle, une vaillance en moi ! Commences-tu
A comprendre, à présent ? voyons, te rends-tu compte ?
Sens-tu mon âme, un peu, dans cette ombre, qui monte ?...
Oh ! mais vraiment, ce soir, c'est trop beau, c'est trop
Je vous dis tout cela, vous m'écoutez, moi, vous ! [doux!
C'est trop ! Dans mon espoir même le moins modeste,
Je n'ai jamais espéré tant ! Il ne me reste
Qu'à mourir maintenant ! C'est à cause des mots
Que je dis qu'elle tremble entre les bleus rameaux !
Car vous tremblez, comme une feuille entre les feuilles !
Car tu trembles ! car j'ai senti, que tu le veuilles

Ou non, le tremblement adoré de ta main
Descendre tout le long des branches du jasmin !
(Il baise éperdument l'extrémité d'une branche pendante.)

ROXANE.

Oui, je tremble, et je pleure, et je t'aime, et suis tienne !
Et tu m'as enivrée ! *intoxicated*

CYRANO.

Alors, que la mort vienne !
Cette ivresse, c'est moi, moi, qui l'ai su causer !
Je ne demande plus qu'une chose...

CHRISTIAN, sous le balcon.

Un baiser !

ROXANE, se rejetant en arrière.

Hein ?

CYRANO.

Oh !

ROXANE.

Vous demandez ?

CYRANO.

Oui... je...
(A Christian bas.)
Tu vas trop vite.

CHRISTIAN.

Puisqu'elle est si troublée, il faut que j'en profite !

CYRANO, à Roxane.

Oui, je... j'ai demandé, c'est vrai... mais justes cieux !
Je comprends que je fus bien trop audacieux.

ROXANE, un peu déçue.

Vous n'insistez pas plus que cela ?

CYRANO.

Si ! j'insiste...
Sans insister !... Oui, oui ! votre pudeur s'attriste !
Eh bien ! mais, ce baiser... ne me l'accordez pas !

CHRISTIAN, à Cyrano, le tirant par son manteau.

Pourquoi ?

CYRANO.

Tais-toi, Christian !

ROXANE, se penchant.

>   Que dites-vous tout bas ?

CYRANO.

Mais d'être allé trop loin, moi-même je me gronde ;
Je me disais : tais-toi, Christian !...

>   (Les théorbes se mettent à jouer.)

>   Une seconde !...

On vient !

>   (Roxane referme la fenêtre. Cyrano écoute les théorbes, dont l'un joue un air folâtre et l'autre un air lugubre.)

>   Air triste? Air gai?... Quel est donc leur dessein?

Est-ce un homme? Une femme? — Ah ! c'est un capucin!

>   (Entre un capucin qui va de maison en maison, une lanterne à la main, regardant les portes.)

SCÈNE VIII

CYRANO, CHRISTIAN, un Capucin.

CYRANO, au capucin.

Quel est ce jeu renouvelé de Diogène ?

LE CAPUCIN.

Je cherche la maison de madame...

CHRISTIAN.

>   Il nous gêne !

LE CAPUCIN.

Magdeleine Robin...

CHRISTIAN.

>   Que veut-il ?

CYRANO, lui montrant une rue montante.

>   Par ici !

Tout droit, toujours tout droit...

LE CAPUCIN.

>   Je vais pour vous

Dire mon chapelet jusqu'au grain majuscule.

>   (Il sort.)

many *large bead*

CYRANO.

Bonne chance ! Mes vœux suivent votre cuculle !

(Il redescend vers Christian.)

SCÈNE IX

CYRANO, CHRISTIAN.

CHRISTIAN.

Obtiens-moi ce baiser !...

CYRANO.

Non !

CHRISTIAN.

Tôt ou tard...

CYRANO.

C'est vrai !

Il viendra, ce moment de vertige enivré
Où vos bouches iront l'une vers l'autre, à cause
De ta moustache blonde et de sa lèvre rose !

(A lui-même.)

J'aime mieux que ce soit à cause de...

(Bruit des volets qui se rouvrent, Christian se cache sous le balcon.)

SCÈNE X

CYRANO, CHRISTIAN, ROXANE.

ROXANE, s'avançant sur le balcon.

C'est vous ?

Nous parlions de... de... d'un...

CYRANO.

Baiser. Le mot est doux !

Je ne vois pas pourquoi votre lèvre ne l'ose ;
S'il la brûle déjà, que sera-ce la chose ?
Ne vous en faites pas un épouvantement :
N'avez-vous pas tantôt, presque insensiblement,
Quitté le badinage et glissé sans alarmes

Du sourire au soupir, et du soupir aux larmes !
Glissez encore un peu d'insensible façon :
Des larmes au baiser il n'y a qu'un frisson ! '

ROXANE.

Taisez-vous !

CYRANO.

Un baiser, mais à tout prendre, qu'est-ce ?
Un serment fait d'un peu plus près, une promesse
Plus précise, un aveu qui veut se confirmer,
Un point rose qu'on met sur l'i du verbe aimer :
C'est un secret qui prend la bouche pour oreille,
Un instant d'infini qui fait un bruit d'abeille,
Une communion ayant un goût de fleur,
Une façon d'un peu se respirer le cœur,
Et d'un peu se goûter, au bord des lèvres, l'âme !

ROXANE.

Taisez-vous !

CYRANO.

Un baiser, c'est si noble, Madame,
Que la reine de France, au plus heureux des lords,
En a laissé prendre un, la reine même !

ROXANE.

Alors !

CYRANO, s'exaltant.

J'eus comme Buckingham des souffrances muettes,
J'adore comme lui la reine que vous êtes,
Comme lui je suis triste et fidèle...

ROXANE.

Et tu es

Beau comme lui !

CYRANO, à part, dégrisé.

C'est vrai, je suis beau, j'oubliais !

ROXANE.

Eh bien ! montez cueillir cette fleur sans pareille...

CYRANO, poussant Christian vers le balcon.

Monte !

ROXANE.

Ce goût de cœur...

CYRANO.

Monte !

ROXANE.

Ce bruit d'abeille...

CYRANO.·

Monte !

CHRISTIAN, hésitant.

Mais il me semble, à présent, que c'est mal !

ROXANE.

Cet instant d'infini !...

CYRANO, le poussant.

Monte donc, animal !

(Christian s'élance, et par le banc, le feuillage, les piliers,
atteint les balustres qu'il enjambe.)

CHRISTIAN.

Ah ! Roxane !

(Il l'enlace et se penche sur ses lèvres.)

CYRANO.

Aïe ! au cœur, quel pincement bizarre !
— Baiser, festin d'amour dont je suis le Lazare !
Il me vient de cette ombre une miette de toi, —
Mais oui, je sens un peu mon cœur qui te reçoit,
Puisque sur cette lèvre où Roxane se leurre
Elle baise les mots que j'ai dits tout à l'heure !

(On entend les théorbes.)

Un air triste, un air gai : le capucin !

(Il feint de courir comme s'il arrivait de loin, et d'une voix claire.)

Holà !

ROXANE.

Qu'est-ce ?

CYRANO.

Moi. Je passais... Christian est encor là ?

CHRISTIAN, très étonné.

Cyrano !

ROXANE.

Bonjour, cousin !

CYRANO.
Bonjour, cousine !

ROXANE.

Je descends !
(Elle disparaît dans la maison. Au fond rentre le capucin.

CHRISTIAN, l'apercevant.
Oh ! encor !
(Il suit Roxane.)

SCÈNE XI

CYRANO, CHRISTIAN, ROXANE, le Capucin, RAGUENEAU.

LE CAPUCIN.
C'est ici, — je m'obstine —

Magdeleine Robin !
CYRANO.
Vous aviez dit : Ro-*lin*.

LE CAPUCIN.

Non : *Bin*. B, i, n, *bin* !

ROXANE, paraissant sur le seuil de la maison, suivie de Ragueneau,
qui porte une lanterne, et de Christian.
Qu'est-ce ?

LE CAPUCIN.
Une lettre.

CHRISTIAN.
Hein ?

LE CAPUCIN, à Roxane.
Oh ! il ne peut s'agir que d'une sainte chose !
C'est un digne seigneur qui...

ROXANE, à Christian.
C'est De Guiche !

CHRISTIAN.
Il ose ?

ROXANE.
Oh ! mais il ne va pas m'importuner toujours !

(Décachetant la lettre.)

Je t'aime, et si...

(A la lueur de la lanterne de Ragueneau, elle lit, à l'écart, à
voix basse.)

« *Mademoiselle,*

Les tambours
Battent ; mon régiment boucle sa soubreveste ;
Il part ; moi, l'on me croit déjà parti : je reste.
Je vous désobéis. Je suis dans ce couvent.
Je vais venir, et vous le mande auparavant
Par un religieux simple comme une chèvre
Qui ne peut rien comprendre à ceci. Votre lèvre
M'a trop souri tantôt : j'ai voulu la revoir.
L'audacieux déjà pardonné, je l'espère,
Qui signe votre très... et cœtera... »

(Au capucin.)

Mon père,

Voici ce que me dit cette lettre. Ecoutez.

(Tous se rapprochent, elle lit à haute voix.)

« *Mademoiselle,*

Il faut souscrire aux volontés
Du cardinal, si dur que cela vous puisse être.
C'est la raison pourquoi j'ai fait choix, pour remettre
Ces lignes en vos mains charmantes, d'un très saint.
D'un très intelligent et discret capucin ;
Nous voulons qu'il vous donne, et dans votre demeure,
La bénédiction

(Elle tourne la page.)

nuptiale sur l'heure.
Christian doit en secret devenir votre époux ;
Je vous l'envoie. Il vous déplaît. Résignez-vous.
Songez bien que le ciel bénira votre zèle,
Et tenez pour tout assuré, Mademoiselle,
Le respect de celui qui fut et qui sera
Toujours votre très humble et très... et cœtera. »

LE CAPUCIN, rayonnant.

Digne seigneur !... Je l'avais dit. J'étais sans crainte !
Il ne pouvait s'agir que d'une chose sainte !

ROXANE, bas à Christian.

N'est-ce pas que je lis très bien les lettres ?

CHRISTIAN.

Hum !

ROXANE, haut, avec désespoir.

Ah !... c'est affreux !

LE CAPUCIN, qui a dirigé sur Cyrano la clarté de sa lanterne.

C'est vous ?

CHRISTIAN.

C'est moi !

LE CAPUCIN, tournant la lumière vers lui, et, comme si un doute lui venait, en voyant sa beauté.

Mais...

ROXANE, vivement.

Post-scriptum :

« *Donnez pour le couvent cent vingt pistoles.* » (bribery)

LE CAPUCIN.

Digne,

Digne seigneur !

(A Roxane.)

Résignez-vous !

ROXANE, en martyre.

Je me résigne !

(Pendant que Ragueneau ouvre la porte au capucin que Christian invite à entrer, elle dit bas à Cyrano :)

Vous, retenez ici De Guiche ! Il va venir ! Qu'il n'entre pas tant que...

CYRANO.

Compris !

(Au capucin.) bless their

Pour les bénir marriage

Il vous faut ?...

LE CAPUCIN.

Un quart d'heure.

CYRANO, les poussant tous vers la maison.

Allez! moi, je demeure!

ROXANE, à Christian. That's what he does all the time

Viens !...

(Ils entrent.)

SCÈNE XII

CYRANO, seul.

delay

CYRANO.

Comment faire perdre à De Guiche un quart d'heure ?
(Il se précipite sur le banc, grimpe au mur, vers le balcon.)
Là!... Grimpons!... J'ai mon plan!...
(Les théorbes se mettent à jouer une phrase lugubre.)

Ho! c'est un homme!
(Le trémolo devient sinistre.)

Ho! ho!

Cette fois, c'en est un !...   *hat*

(Il est sur le balcon, il rabaisse son feutre sur ses yeux, ôte
son épée, se drape dans sa cape, puis se penche et regarde au
dehors.)

Non, ce n'est pas trop haut !...

(Il enjambe les balustres et attirant à lui la longue branche
d'un des arbres qui débordent le mur du jardin, il s'y accroche
des deux mains, prêt à se laisser tomber.)

Je vais légèrement troubler cette atmosphère !...

SCÈNE XIII

CYRANO, DE GUICHE.

DE GUICHE, qui entre, masqué, tâtonnant dans la nuit.
Qu'est-ce que ce maudit capucin peut bien faire ?

CYRANO.
Diable ! et ma voix ?... S'il la reconnaissait ?
(Lâchant d'une main, il a l'air de tourner une invisible clef.)

Cric ! Crac !

(Solennellement.)
Cyrano, reprenez l'accent de Bergerac !...

DE GUICHE, regardant la maison.
Oui, c'est là. J'y vois mal. Ce masque m'importune !

(Il va pour entrer. Cyrano saute du balcon en se tenant à la
branche, qui plie, et le dépose entre la porte et De Guiche ; il
feint de tomber lourdement, comme si c'était de très haut, et
s'aplatit par terre, où il reste immobile, comme étourdi. De
Guiche fait un bond en arrière.)   *stunned*

Hein ? quoi ?

(Quand il lève les yeux, la branche s'est redressée ; il ne voit que le ciel ; il ne comprend pas.)

D'où tombe donc cet homme ?

CYRANO, se mettant sur son séant, et avec l'accent de Gascogne.

De la lune !

DE GUICHE.

De la ?...

CYRANO, d'une voix de rêve.

Quelle heure est-il ?

DE GUICHE.

N'a-t-il plus sa raison ?

CYRANO.

Quelle heure ? Quel pays ? Quel jour ? Quelle saison ?

DE GUICHE.

Mais...

CYRANO.

Je suis étourdi !

DE GUICHE.

Monsieur...

CYRANO.

Comme une bombe

Je tombe de la lune !

DE GUICHE, impatienté.

Ah çà ! Monsieur !

CYRANO, se relevant d'une voix terrible.

J'en tombe !

DE GUICHE, reculant.

Soit ! soit ! vous en tombez !... c'est peut-être un dément !

CYRANO, marchant sur lui.

Et je n'en tombe pas métaphoriquement !...

DE GUICHE.

Mais...

CYRANO.

Il y a cent ans, ou bien une minute,
— J'ignore tout à fait ce que dura ma chute ! —
J'étais dans cette boule à couleur de safran !

DE GUICHE, *haussant les épaules.*

Oui. Laissez-moi passer !

CYRANO, *s'interposant.*

Où suis-je ? soyez franc !
Ne me déguisez rien ! En quel lieu, dans quel site,
Viens-je de choir, Monsieur, comme un aérolithe ?

DE GUICHE.

Morbleu !...

CYRANO.

Tout en cheyant je n'ai pu faire choix
De mon point d'arrivée, — et j'ignore où je chois !
Est-ce dans une lune ou bien dans une terre,
Que vient de m'entraîner le poids de mon postère ?

DE GUICHE.

Mais je vous dis, Monsieur...

CYRANO, *avec un cri de terreur qui fait reculer De Guiche.*

Ha ! grand Dieu !... je crois voir
Qu'on a dans ce pays le visage tout noir !

DE GUICHE, *portant la main à son visage.*

Comment ?

CYRANO, *avec une peur emphatique.*

Suis-je en Alger ? Etes-vous indigène ?...

DE GUICHE, *qui a senti son masque.*

Ce masque !...

CYRANO, *feignant de se rassurer un peu.*

Je suis donc dans Venise, ou dans Gêne ?

DE GUICHE, *voulant passer.*

Une dame m'attend !...

CYRANO, *complètement rassuré.*

Je suis donc à Paris.

DE GUICHE, *souriant malgré lui.*

Le drôle est assez drôle !

CYRANO.

Ah ! vous riez ?

DE GUICHE.

Je ris,

Mais veux passer !

CYRANO, rayonnant.

C'est à Paris que je retombe !

(Tout à fait à son aise, riant, s'époussetant, saluant.)

J'arrive — excusez-moi ! — par la dernière trombe.
Je suis un peu couvert d'éther. J'ai voyagé !
J'ai les yeux tout remplis de poudre d'astres. J'ai
Aux éperons, encor, quelques poils de planète !

(Cueillant quelque chose sur sa manche.)

Tenez, sur mon pourpoint, un cheveu de comète !...

(Il souffle comme pour le faire envoler.)

DE GUICHE, hors de lui.

Monsieur !...

CYRANO, au moment où il va passer, tend sa jambe comme pour
y montrer quelque chose et l'arrête.

Dans mon mollet je rapporte une dent
De la Grande Ourse, — et comme, en frôlant le Trident,
Je voulais éviter une de ses trois lances,
Je suis allé tomber assis dans les Balances, —
Dont l'aiguille, à présent, là-haut, marque mon poids !

(Empêchant vivement De Guiche de passer et le prenant à
un bouton du pourpoint.)

Si vous serriez mon nez, Monsieur, entre vos doigts,
Il jaillirait du lait !

DE GUICHE.

Hein ? du lait ?...

CYRANO.

De la Voie

Lactée !...

DE GUICHE.

Oh ! par l'enfer !

CYRANO.

C'est le ciel qui m'envoie !

(Se croisant les bras.)

Non ! croiriez-vous, je viens de le voir en tombant,
Que Sirius, la nuit, s'affuble d'un turban ?

(Confidentiel.)

L'autre Ourse est trop petite encor pour qu'elle morde !

(Riant.)

J'ai traversé la Lyre en cassant une corde !

(Superbe.)

Mais je compte en un livre écrire tout ceci,
Et les étoiles d'or qu'en mon manteau roussi
Je viens de rapporter à mes périls et risques,
Quand on l'imprimera, serviront d'astérisques !

DE GUICHE.

A la parfin, je veux...

CYRANO.

Vous, je vous vois venir !

DE GUICHE.

Monsieur !

CYRANO.

Vous voudriez de ma bouche tenir
Comment la lune est faite, et si quelqu'un habite
Dans la rotondité de cette cucurbite ?   *vase shaped pant.*

DE GUICHE, criant.

Mais non ! Je veux...

CYRANO.

Savoir comment j'y suis monté.
Ce fut par un moyen que j'avais inventé.

DE GUICHE, découragé.

C'est un fou !

CYRANO, dédaigneux.

Je n'ai pas refait l'aigle stupide
De Regiomontanus, ni le pigeon timide
D'Archytas !,..

DE GUICHE.

C'est un fou, — mais c'est un fou savant.

CYRANO.

Non, je n'imitai rien de ce qu'on fit avant !

(De Guiche a réussi à passer et il marche vers la porte de
Roxane. Cyrano le suit, prêt à l'empoigner.)   *grab him*

J'inventai six moyens de violer l'azur vierge !

DE GUICHE, se retournant.

Six ?

CYRANO, avec volubilité.

Je pouvais, mettant mon corps nu comme un cierge,
Le caparaçonner de fioles de cristal
Toutes pleines des pleurs d'un ciel matutinal,
Et ma personne, alors, au soleil exposée,
L'astre l'aurait humée en humant la rosée

DE GUICHE, surpris et faisant un pas vers Cyrano.

Tiens ! Oui, cela fait un !

CYRANO, reculant pour l'entraîner de l'autre côté.

Et je pouvais encor
Faire engouffrer du vent, pour prendre mon essor,
En raréfiant l'air dans un coffre de cèdre
Par des miroirs ardents, mis en icosaèdre !

DE GUICHE, fait encore un pas.

Deux !

CYRANO, reculant toujours.

Ou bien, machiniste autant qu'artificier,
Sur une sauterelle aux détentes d'acier,
Me faire, par des feux successifs de salpêtre,
Lancer dans les prés bleus où les astres vont paître !

DE GUICHE, le suivant, sans s'en douter, et comptant sur ses doigts.

Trois !

CYRANO.

Puisque la fumée a tendance à monter,
En souffler dans un globe assez pour m'emporter !

DE GUICHE, même jeu, de plus en plus étonné.

Quatre !

CYRANO

Puisque Phœbé, quand son acte est le moindre,
Aime sucer, ô bœufs, votre mœlle... m'en oindre !

DE GUICHE, stupéfait.

Cinq !

CYRANO, qui en parlant l'a amené jusqu'à l'autre côté de la place,
près d'un banc.

Enfin, me plaçant sur un plateau de fer,
Prendre un morceau d'aimant et le lancer en l'air !

Ça, c'est un bon moyen : le fer se précipite,
Aussitôt que l'aimant s'envole, à sa poursuite ;
On relance l'aimant bien vite, et cadédis !
On peut monter ainsi indéfiniment.

DE GUICHE.

Six !

Mais voilà six moyens excellents !... Quel système
Choisîtes-vous des six, Monsieur ?

CYRANO.

Un septième !

DE GUICHE.

Par exemple ! Et lequel ?

CYRANO.

Je vous le donne en cent !

DE GUICHE.

C'est que ce mâtin-là devient intéressant !

CYRANO, faisant le bruit des vagues avec de grands
gestes mystérieux.

Houüh ! houüh !

DE GUICHE.

Eh bien !

CYRANO.

Vous devinez ?

DE GUICHE.

Non !

CYRANO.

La marée !...

A l'heure où l'onde par la lune est attirée,
Je me mis sur le sable — après un bain de mer —
Et la tête partant la première, mon cher,
— Car les cheveux, surtout, gardent l'eau dans leur
|frange ! —
Je m'enlevai dans l'air, droit, tout droit, comme un ange.
Je montais, je montais, doucement, sans efforts,
Quand je sentis un choc !... Alors...

DE GUICHE, entraîné par la curiosité et s'asseyant sur le banc.

Alors ?

CYRANO.

Alors...

(Reprenant sa voix naturelle.)

Le quart d'heure est passé, Monsieur, je vous délivre :
Le mariage est fait.

DE GUICHE, se relevant d'un bond.

Çà, voyons, je suis ivre !...

Cette voix ?

(La porte de la maison s'ouvre, des laquais paraissent portant
des candélabres allumés. Lumière. Cyrano ôte son chapeau au
bord abaissé.)

Et ce nez !... Cyrano ?

CYRANO, saluant.

Cyrano.

— Ils viennent à l'instant d'échanger leur anneau.

DE GUICHE.

Qui cela ?

(Il se retourne. — Tableau. Derrière les laquais, Roxane et
Christian se tiennent par la main. Le capucin les suit en souriant. Ragueneau élève aussi un flambeau. La duègne ferme la
marche, ahurie, en petit saut de lit.)

Ciel ! *négligée*

SCÈNE XIV

Les Mêmes, ROXANE, CHRISTIAN, le Capucin,
RAGUENEAU, Laquais, la Duègne.

DE GUICHE, à Roxane.

Vous !

(Reconnaissant Christian avec stupeur.)

Lui ?

(Saluant Roxane avec admiration.)

Vous êtes des plus fines !

(A Cyrano.)

Mes compliments, Monsieur l'inventeur des machines :
Votre récit eût fait s'arrêter au portail *Gales*
Du paradis, un saint ! Notez-en le détail,
Car vraiment cela peut resservir dans un livre !

CYRANO, s'inclinant.

Monsieur, c'est un conseil que je m'engage à suivre.

LE CAPUCIN, montrant les amants à De Guiche et hochant
avec satisfaction sa grande barbe blanche.

Un beau couple, mon fils, réuni là par vous !

DE GUICHE, le regardant d'un œil glacé.

Oui.

(A Roxane.)

Veuillez dire adieu, Madame, à votre époux.

ROXANE.

Comment ?

DE GUICHE, à Christian.

Le régiment déjà se met en route.

Joignez-le !

ROXANE.

Pour aller à la guerre ?

DE GUICHE.

Sans doute !

ROXANE.

Mais, Monsieur, les cadets n'y vont pas !

DE GUICHE.

Ils iront.

(Tirant le papier qu'il avait mis dans sa poche.)

Voici l'ordre.

(A Christian.)

Courez le porter, vous, baron.

ROXANE, se jetant dans les bras de Christian.

Christian !

DE GUICHE, ricanant, à Cyrano.

La nuit de noce est encore lointaine !

CYRANO, à part.

Dire qu'il croit me faire énormément de peine !

CHRISTIAN, à Roxane.

Oh ! tes lèvres encor !

CYRANO.

Allons, voyons, assez !

CHRISTIAN, continuant à embrasser Roxane.

C'est dur de la quitter... Tu ne sais pas...

CYRANO, cherchant à l'entraîner.

Je sais,

(On entend au loin des tambours qui battent une marche.)

DE GUICHE, qui est remonté au fond.

Le régiment qui part !

ROXANE, à Cyrano, en retenant Christian qu'il essaye
toujours d'entraîner.

Oh !... je vous le confie !
Promettez-moi que rien ne va mettre sa vie
En danger !

CYRANO.

J'essaierai... mais ne peux cependant
Promettre...

ROXANE, même jeu.

Promettez qu'il sera très prudent !

CYRANO.

Oui, je tâcherai, mais...

ROXANE, même jeu.

Qu'à ce siège terrible
Il n'aura jamais froid !

CYRANO.

Je ferai mon possible.

Mais...

ROXANE, même jeu.

Qu'il sera fidèle !

CYRANO.

Eh oui ! sans doute, mais...

ROXANE, même jeu.

Qu'il m'écrira souvent !

CYRANO, s'arrêtant.

Ça, — je vous le promets !

RIDEAU

QUATRIÈME ACTE

LES CADETS DE GASCOGNE

QUATRIÈME ACTE

LES CADETS DE GASCOGNE

Le poste qu'occupe la compagnie de Carbon de Castel-Jaloux au siège d'Arras.

Au fond, talus traversant toute la scène. Au delà s'aperçoit un horizon de plaine : le pays couvert de travaux de siège. Les murs d'Arras et la silhouette de ses toits sur le ciel, très loin.

Tentes ; armes éparses ; tambours, etc. — Le jour va se lever. Jaune Orient. — Sentinelles espacées. Feux. shots

Roulés dans leurs manteaux, les Cadets de Gascogne dorment. Carbon de Castel-Jaloux et Le Bret veillent. Ils sont très pâles et très maigris. Christian dort, parmi les autres, dans sa cape, au premier plan, le visage éclairé par un feu. Silence.

in the foreground.

SCÈNE PREMIÈRE

CHRISTIAN, CARBON DE CASTEL-JALOUX, LE BRET,
Les Cadets, puis CYRANO.

LE BRET.

C'est affreux !

CARBON.

Oui, plus rien.

LE BRET.

Mordious !

CARBON, lui faisant signe de parler plus bas.

Jure en sourdine !

Tu vas les réveiller.

(Aux cadets.)

Chut ! Dormez !

(A Le Bret.)

Qui dort dîne !

LE BRET.

Quand on a l'insomnie on trouve que c'est peu !
Quelle famine !

(On entend au loin quelques coups de feu.)

CARBON.

Ah ! maugrébis des coups de feu !...

Ils vont me réveiller mes enfants !

(Aux cadets qui lèvent la tête.)

Dormez !

(On se recouche. Nouveaux coups de feu plus rapprochés.)

UN CADET, s'agitant.

Diantre !

Encore ?

CARBON.

Ce n'est rien ! C'est Cyrano qui rentre !

(Les têtes qui s'étaient relevées se recouchent.)

UNE SENTINELLE, au dehors.

Ventrebieu ! qui va là ?

LA VOIX DE CYRANO.

Bergerac !

LA SENTINELLE, qui est sur le talus.

Ventrebieu !

Qui va là ?

CYRANO, paraissant sur la crête.

Bergerac, imbécile !

(Il descend. Le Bret va au-devant de lui, inquiet.)

LE BRET.

Ah ! grand Dieu !

CYRANO, lui faisant signe de ne réveiller personne.

Chut !

LE BRET.

Blessé ?

CYRANO.

Tu sais bien qu'ils ont pris l'habitude
De me manquer tous les matins !

LE BRET.

C'est un peu rude,
Pour porter une lettre, à chaque jour levant,
De risquer !

CYRANO, s'arrêtant devant Christian.

J'ai promis qu'il écrirait souvent !

(Il le regarde.)

Il dort. Il est pâli. Si la pauvre petite
Savait qu'il meurt de faim... Mais toujours beau !

LE BRET.

Va vite

Dormir !

CYRANO.

Ne grogne pas, Le Bret !... Sache ceci :
Pour traverser les rangs espagnols, j'ai choisi
Un endroit où je sais, chaque nuit, qu'ils sont ivres

LE BRET.

Tu devrais bien un jour nous rapporter des vivres.

CYRANO.

Il faut être léger pour passer ! — Mais je sais
Qu'il y aura ce soir du nouveau. Les Français
Mangeront ou mourront, — si j'ai bien vu...

LE BRET.

Raconte !

CYRANO.

Non. Je ne suis pas sûr... vous verrez !...

CARBON.

Quelle honte,
Lorsqu'on est assiégeant, d'être affamé !

LE BRET.

Hélas !
Rien de plus compliqué que ce siège d'Arras :
Nous assiégeons Arras, — nous-mêmes, pris au piège,
Le cardinal infant d'Espagne nous assiège...

CYRANO.

Quelqu'un devrait venir l'assiéger à son tour.

LE BRET.

Je ne ris pas.

CYRANO.

Oh ! oh !

LE BRET.

Panache

Penser que chaque jour
Vous risquez une vie, ingrat, comme la vôtre,
Pour porter...

(Le voyant qui se dirige vers une tente.)

Où vas-tu ?

CYRANO.

J'en vais écrire une autre.

(Il soulève la toile et disparaît.)

SCÈNE II

Les Mêmes, moins CYRANO.

(Le jour s'est un peu levé. Lueurs roses. La ville d'Arras se dore à l'horizon. On entend un coup de canon immédiatement suivi d'une batterie de tambours, très au loin, vers la gauche. D'autres tambours battent plus près. Les batteries vont se répondant, et se rapprochant, éclatent presque en scène et s'éloignent vers la droite, parcourant le camp. Rumeurs de réveil. Voix lointaines d'officiers.)

roll of drums at dawn

CARBON, avec un soupir.

La diane !... Hélas !

stretch

(Les cadets s'agitent dans leurs manteaux, s'étirent.)

Sommeil succulent, tu prends fin !...
Je sais trop quel sera leur premier cri !

UN CADET, se mettant sur son séant.

J'ai faim !

UN AUTRE.

Je meurs !

TOUS.

Oh !

CARBON.

Levez-vous !

TROISIÈME CADET.

Plus un pas !

QUATRIÈME CADET.

Plus un geste !

LE PREMIER, se regardant dans un morceau de cuirasse.

Ma langue est jaune : l'air du temps est indigeste !

UN AUTRE.

Mon tortil de baron pour un peu de Chester !

UN AUTRE.

Moi, si l'on ne veut pas fournir à mon gaster
De quoi m'élaborer une pinte de chyle,
Je me retire sous ma tente, — comme Achille !

UN AUTRE.

Oui, du pain !

CARBON, allant à la tente où est entré Cyrano, à mi-voix.

Cyrano !

D'AUTRES.

Nous mourons !

CARBON, toujours à mi-voix, à la porte de la tente.

Au secours !
Toi qui sais si gaiement leur répliquer toujours,
Viens les ragaillardir !

DEUXIÉME CADET, se précipitant vers le premier
qui mâchonne quelque chose.

Qu'est-ce que tu grignotes ?

LE PREMIER.

De l'étoupe à canon que dans les bourguignotes
On fait frire en la graisse à graisser les moyeux.
Les environs d'Arras sont très peu giboyeux !

UN AUTRE, entrant.

Moi je viens de chasser !

UN AUTRE, même jeu.

J'ai pêché, dans la Scarpe !

TOUS, debout, se ruant sur les deux nouveaux venus.

Quoi ? — Que rapportez-vous ? — Un faisan ? — Une
Vite, vite, montrez !   [carpe ? —

LE PÊCHEUR.

Un goujon !

LE CHASSEUR.

Un moineau !

TOUS, exaspérés.

Assez ! — Révoltons-nous !

CARBON.

Au secours, Cyrano !

(Il fait maintenant tout à fait jour.)

SCÈNE III

Les Mêmes, CYRANO.

CYRANO, sortant de sa tente, tranquille, une plume à l'oreille,
un livre à la main.

Hein ?

(Silence. Au premier cadet.)

Pourquoi t'en vas-tu, toi, de ce pas qui traîne !

LE CADET.

J'ai quelque chose, dans les talons, qui me gêne !...

CYRANO.

Et quoi donc ?

LE CADET.

L'estomac !

CYRANO.

Moi de même, pardi !

LE CADET.

Cela doit te gêner ?

CYRANO.

Non, cela me grandit.

DEUXIÈME CADET.

J'ai les dents longues !

CYRANO.

Tu n'en mordras que plus large.

UN TROISIÈME.

Mon ventre sonne creux !

CYRANO.

Nous y battrons la charge.

UN AUTRE.

Dans les oreilles, moi, j'ai des bourdonnements.

CYRANO.

Non, non ; ventre affamé, pas d'oreilles : tu mens !

UN AUTRE.

Oh ! manger quelque chose, — à l'huile !

CYRANO, le décoiffant et lui mettant son casque dans la main.

Ta salade.

UN AUTRE.

Qu'est-ce qu'on pourrait bien dévorer ?

CYRANO, lui jetant le livre qu'il tient à la main.

L'*Iliade*.

UN AUTRE.

Le ministre, à Paris, fait ses quatre repas !

CYRANO.

Il devrait t'envoyer du perdreau ?

LE MÊME.

Pourquoi pas ?

Et du vin !

CYRANO.

Richelieu, du bourgogne, *if you please ?*

LE MÊME.

Par quelque capucin !

CYRANO.

L'éminence qui grise ?

UN AUTRE.

J'ai des faims d'ogre !

CYRANO.

Eh ! bien !... tu croques le marmot !

LE PREMIER CADET, haussant les épaules.

Toujours le mot, la pointe !

CYRANO.

Oui, la pointe, le mot !

Et je voudrais mourir, un soir, sous un ciel rose,
En faisant un bon mot, pour une belle cause !
— Oh ! frappé par la seule arme noble qui soit,
Et par un ennemi qu'on sait digne de soi,
Sur un gazon de gloire et loin d'un lit de fièvres,
Tomber la pointe au cœur en même temps qu'aux lèvres !

CRIS DE TOUS.

J'ai faim !

CYRANO, se croisant les bras.

Ah çà ! mais vous ne pensez qu'à manger ?...
— Approche, Bertrandou le fifre, ancien berger ;

Du double étui de cuir tire l'un de tes fifres,
Souffle, et joue à ce tas de goinfres et de piffres *gluttons*
Ces vieux airs du pays, au doux rythme obsesseur,
Dont chaque note est comme une petite sœur,
Dans lesquels restent pris des sons de voix aimées,
Ces airs dont la lenteur est celle des fumées
Que le hameau natal exhale de ses toits,
Ces airs dont la musique a l'air d'être un patois !.. *dialect*
(Le vieux s'assied et prépare son fifre.)
Que la flûte, aujourd'hui, guerrière qui s'afflige,
Se souvienne un moment, pendant que sur sa tige *stem*
Tes doigts semblent danser un menuet d'oiseau,
Qu'avant d'être d'ébène, *wood* elle fut de roseau ; *reed*
Que sa chanson l'étonne, et qu'elle y reconnaisse
L'âme de sa rustique et paisible jeunesse !...
(Le vieux commence à jouer des airs languedociens.) *Languedoc*
                                                    a province
Ecoutez, les Gascons... Ce n'est plus, sous ses doigts, *of France*
Le fifre aigu des camps, c'est la flûte des bois !
Ce n'est plus le sifflet du combat, sous ses lèvres,
C'est le lent galoubet de nos meneurs de chèvres !.. *little pipe*
Ecoutez... C'est le val, la lande, la forêt,   *played 3*
Le petit pâtre brun sous son rouge béret,   *notes,*
C'est la verte douceur des soirs sur la Dordogne,   *for goat*
Ecoutez, les Gascons : c'est toute la Gascogne !   *herds*

(Toutes les têtes se sont inclinées ; — tous les yeux rêvent ; —
et des larmes sont furtivement essuyées, avec un revers de
manche, un coin de manteau.)

CARBON, à Cyrano, bas.
Mais tu les fais pleurer !

CYRANO.
                    De nostalgie !... Un mal
Plus noble que la faim !... pas physique : moral !
J'aime que leur souffrance ait changé de viscère, *interior*
Et que ce soit leur cœur, maintenant, qui se serre !   *organ*

CARBON.
Tu vas les affaiblir en les attendrissant ! *make them weep*

CYRANO, qui a fait signe au tambour d'approcher.
Laisse donc ! Les héros qu'ils portent dans leur sang
Sont vite réveillés ! Il suffit...
(Il fait un geste. Le tambour roule.)

TOUS, se levant et se précipitant sur leurs armes.

Hein?... Quoi?... Qu'est-ce?

CYRANO, souriant.

Tu vois, il a suffi d'un roulement de caisse !
Adieu, rêves, regrets, vieille province, amour...
Ce qui du fifre vient s'en va par le tambour !

UN CADET, qui regarde au fond.

Ah ! Ah ! Voici monsieur de Guiche !

TOUS LES CADETS, murmurant.

Hou...

CYRANO, souriant.

Murmure

Flatteur !

UN CADET.

Il nous ennuie !

UN AUTRE.

Avec, sur son armure,
Son grand col de dentelle, il vient faire le fier !

UN AUTRE.

Comme si l'on portait du linge sur du fer !

LE PREMIER.

C'est bon lorsque à son cou l'on a quelque furoncle !

LE DEUXIÈME.

Encore un courtisan !

UN AUTRE.

Le neveu de son oncle !

CARBON.

C'est un Gascon pourtant !

LE PREMIER.

Un faux !... Méfiez-vous !
Parce que, les Gascons... ils doivent être fous :
Rien de plus dangereux qu'un Gascon raisonnable.

LE BRET.

Il est pâle !

UN AUTRE.

Il a faim... autant qu'un pauvre diable !
Mais comme sa cuirasse a des clous de vermeil,
Sa crampe d'estomac étincelle au soleil !

CYRANO, vivement.

N'ayons pas l'air non plus de souffrir ! Vous, vos cartes,
Vos pipes et vos dés...

(Tous rapidement se mettent à jouer sur des tambours, sur
des escabeaux et par terre, sur leurs manteaux, et ils allument
de longues pipes de pétun.)

Et moi, je lis Descartes.

(Il se promène de long en large et lit dans un petit livre qu'il
a tiré de sa poche. — Tableau. — De Guiche entre. Tout le
monde a l'air absorbé et content. Il est très pâle. Il va vers
Carbon.)

SCÈNE IV

Les Mêmes, DE GUICHE.

DE GUICHE, à Carbon.

Ah ! — Bonjour !

(Ils s'observent tous les deux. A part, avec satisfaction.)

Il est vert.

CARBON, de même.

Il n'a plus que les yeux.

DE GUICHE, regardant les cadets.

Voici donc les mauvaises têtes ?... Oui, messieurs,
Il me revient de tous côtés qu'on me brocarde
Chez vous, que les cadets, noblesse montagnarde,
Hobereaux béarnais, barons périgourdins,
N'ont pour leur colonel pas assez de dédain,
M'appellent intrigant, courtisan, — qu'il les gêne
De voir sur ma cuirasse un col au point de Gêne, —
Et qu'ils ne cessent pas de s'indigner entre eux
Qu'on puisse être Gascon et ne pas être gueux !

(Silence. On joue. On fume.)

Vous ferai-je punir par votre capitaine ?
Non.

CARBON.

D'ailleurs, je suis libre et n'inflige de peine...

DE GUICHE.

Ah ?

CARBON.

J'ai payé ma compagnie, elle est à moi.
Je n'obéis qu'aux ordres de guerre.

DE GUICHE.

Ah ?... Ma foi !

Cela suffit.

(S'adressant aux cadets.)

Je peux mépriser vos bravades.
On connaît ma façon d'aller aux mousquetades ;
Hier, à Bapaume, on vit la furie avec quoi
J'ai fait lâcher le pied au comte de Bucquoi ;
Ramenant sur ses gens les miens en avalanche,
J'ai chargé par trois fois !

CYRANO, sans lever le nez de son livre.

Et votre écharpe blanche ?

DE GUICHE, surpris et satisfait.

Vous savez ce détail ?... En effet, il advint,
Durant que je faisais ma caracole afin
De rassembler mes gens pour la troisième charge,
Qu'un remous de fuyards m'entraîna sur la marge
Des ennemis : j'étais en danger qu'on me prît
Et qu'on m'arquebusât, quand j'eus le bon esprit
De dénouer et de laisser couler à terre
L'écharpe qui disait mon grade militaire ;
En sorte que je pus, sans attirer les yeux,
Quitter les Espagnols, et revenant sur eux,
Suivi de tous les miens réconfortés, les battre !
— Eh bien ! que dites-vous de ce trait ?

(Les cadets n'ont pas l'air d'écouter ; mais ici les cartes et les
cornets à dés restent en l'air, la fumée des pipes demeure dans
les joues : attente.)

CYRANO.

Qu'Henri quatre
N'eût jamais consenti, le nombre l'accablant.
A se diminuer de son panache blanc.

(Joie silencieuse. Les cartes s'abattent. Les dés tombent. La
fumée s'échappe.)

DE GUICHE.

L'adresse a réussi, cependant !

(Même attente suspendant les jeux et les pipes.)

CYRANO.

C'est possible.

Mais on n'abdique pas l'honneur d'être une cible.

(Cartes, dés, fumées s'abattent, tombent, s'envolent avec une satisfaction croissante.)

Si j'eusse été présent quand l'écharpe coula
— Nos courages, monsieur, diffèrent en cela —
Je l'aurais ramassée et me la serais mise.

DE GUICHE.

Oui, vantardise, encor, de gascon !

CYRANO.

Vantardise ?...

Prêtez-la moi. Je m'offre à monter, dès ce soir,
A l'assaut, le premier, avec elle en sautoir.

DE GUICHE.

Offre encor de gascon ! Vous savez que l'écharpe
Resta chez l'ennemi, sur les bords de la Scarpe,
En un lieu que depuis la mitraille cribla, —
Où nul ne peut aller la chercher !

CYRANO, tirant de sa poche l'écharpe blanche et la lui tendant.

La voilà.

(Silence. Les cadets étouffent leurs rires dans les cartes et dans les cornets à dés. De Guiche se retourne, les regarde : immédiatement ils reprennent leur gravité, leurs jeux ; l'un d'eux sifflote avec indifférence l'air montagnard joué par le fifre.)

DE GUICHE, prenant l'écharpe.

Merci. Je vais, avec ce bout d'étoffe claire,
Pouvoir faire un signal, — que j'hésitais à faire.

(Il va au talus, y grimpe, et agite plusieurs fois l'écharpe en l'air.)

TOUS.

Hein !

LA SENTINELLE, en haut du talus.

Cet homme, là-bas qui se sauve en courant !...

DE GUICHE, redescendant.

C'est un faux espion espagnol. Il nous rend
De grands services. Les renseignements qu'il porte
Aux ennemis sont ceux que je lui donne, en sorte
Que l'on peut influer sur leurs décisions.

CYRANO.

C'est un gredin !

DE GUICHE, se nouant nonchalamment son écharpe.

C'est très commode. Nous disions ?...
— Ah ! J'allais vous apprendre un fait. Cette nuit même,
Pour nous ravitailler tentant un coup suprême,
Le maréchal s'en fut vers Dourlens, sans tambours ;
Les vivandiers du Roi sont là ; par les labours
Il les joindra ; mais pour revenir sans encombre,
Il a pris avec lui des troupes en tel nombre
Que l'on aurait beau jeu, certes, en nous attaquant :
La moitié de l'armée est absente du camp !

CARBON.

Oui, si les Espagnols savaient, ce serait grave.
Mais ils ne savent pas ce départ ?

DE GUICHE.

Ils le savent.
Ils vont nous attaquer.

CARBON.

Ah !

DE GUICHE.

Mon faux espion
M'est venu prévenir de leur agression.
Il ajouta : « J'en peux déterminer la place ;
Sur quel point voulez-vous que l'attaque se fasse ?
Je dirai que de tous c'est le moins défendu,
Et l'effort portera sur lui. » — J'ai répondu :
« C'est bon. Sortez du camp. Suivez des yeux la ligne :
Ce sera sur le point d'où je vous ferai signe. »

CARBON, aux cadets.

Messieurs, préparez-vous !

(Tous se lèvent. Bruit d'épées et de ceinturons qu'on boucle.)

DE GUICHE.

C'est dans une heure.

PREMIER CADET.

Ah !... bien !...

(Ils se rasseyent tous. On reprend la partie interrompue.)

DE GUICHE, à Carbon.

Il faut gagner du temps. Le maréchal revient.

CARBON.

Et pour gagner du temps ?

DE GUICHE.

Vous aurez l'obligeance

De vous faire tuer.

CYRANO.

Ah ! voilà la vengeance ?

DE GUICHE.

Je ne prétendrai pas que si je vous aimais
Je vous eusse choisis vous et les vôtres, mais,
Comme à votre bravoure on n'en compare aucune,
C'est mon Roi que je sers en servant ma rancune.

CYRANO, saluant.

Souffrez que je vous sois, monsieur, reconnaissant.

DE GUICHE, saluant.

Je sais que vous aimez vous battre un contre cent.
Vous ne vous plaindrez pas de manquer de besogne.

(Il remonte, avec Carbon.)

CYRANO, aux cadets.

Eh bien donc ! nous allons au blason de Gascogne,
Qui porte six chevrons, messieurs, d'azur et d'or,
Joindre un chevron de sang qui lui manquait encor !

(De Guiche cause bas avec Carbon de Castel-Jaloux, au fond.
On donne des ordres. La résistance se prépare. Cyrano va vers
Christian qui est resté immobile, les bras croisés.)

CYRANO, lui mettant la main sur l'épaule.

Christian ?

CHRISTIAN, secouant la tête.

Roxane !

CYRANO.

Hélas !

CHRISTIAN.

                    Au moins, je voudrais mettre
Tout l'adieu de mon cœur dans une belle lettre !...

CYRANO.

Je me doutais que ce serait pour aujourd'hui.
      (Il tire un billet de son pourpoint.)
Et j'ai fait tes adieux.

CHRISTIAN.

                    Montre !...

CYRANO.

                              Tu veux ?...

CHRISTIAN, lui prenant la lettre.

                              Mais oui !

      (Il l'ouvre, lit et s'arrête.)
Tiens !...

CYRANO.

          Quoi ?

CHRISTIAN.

          Ce petit rond ?...

CYRANO, reprenant la lettre vivement, et regardant d'un air naïf.

                    Un rond ?...

CHRISTIAN.

                              C'est une larme !

CYRANO.

Oui... Poète, on se prend à son jeu, c'est le charme !...
Tu comprends... ce billet, — c'était très émouvant :
Je me suis fait pleurer moi-même en l'écrivant.

CHRISTIAN.

Pleurer ?...

CYRANO.

          Oui... parce que... mourir n'est pas terrible.
Mais... ne plus la revoir jamais... voilà l'horrible !
Car enfin je ne la...
          (Christian le regarde.)
          nous ne la..
                              (Vivement.)
                    tu ne la...

CHRISTIAN, lui arrachant la lettre.

Donne-moi ce billet !

(On entend une rumeur, au loin, dans le camp.)

LA VOIX D'UNE SENTINELLE.

Ventrebieu, qui va là ?

(Coups de feu. Bruits de voix. Grelots.)

CARBON.

Qu'est-ce ?...

LA SENTINELLE, qui est sur le talus.

Un carrosse !

(On se précipite pour voir.)

CRIS.

Quoi ? Dans le camp ? — Il y entre !
— Il a l'air de venir de chez l'ennemi ! — Diantre !
Tirez ! — Non ! Le cocher a crié ! — Crié quoi ? —
Il a crié : Service du Roi !

(Tous le monde est sur le talus et regarde au dehors. Les grelots se rapprochent.)

DE GUICHE.

Hein ? Du Roi !...

(On redescend, on s'aligne.)

CARBON.

Chapeau bas, tous !

DE GUICHE, à la cantonade.

Du Roi ! —- Rangez-vous, vile tourbe,
Pour qu'il puisse décrire avec pompe sa courbe !

(Le carrosse entre au grand trot. Il est couvert de boue et de poussière. Les rideaux sont tirés. Deux laquais derrière. Il s'arrête net.)

CARBON, criant.

Battez aux champs !

(Roulement de tambours. Tous les cadets se découvrent.)

DE GUICHE.

Baissez le marchepied !

(Deux hommes se précipitent. La portière s'ouvre.)

ROXANE, sautant du carrosse.

Bonjour !

(Le son d'une voix de femme relève d'un seul coup tout ce
monde profondément incliné. — Stupeur.)

SCÈNE V

Les Mêmes, ROXANE.

DE GUICHE.

Service du Roi ! Vous ?

ROXANE.

Mais du seul roi, l'Amour !

CYRANO.

Ah ! grand Dieu !

CHRISTIAN, s'élançant.

Vous ! Pourquoi ?

ROXANE.

C'était trop long, ce siège !

CHRISTIAN.

Pourquoi ?...

ROXANE.

Je te dirai !

CYRANO, qui, au son de sa voix, est resté cloué immobile,
sans oser tourner les yeux vers elle.

Dieu ! La regarderai-je ?

DE GUICHE.

Vous ne pouvez rester ici !

ROXANE, gaiement.

Mais si ! mais si !

Voulez-vous m'avancer un tambour ?...

(Elle s'assied sur un tambour qu'on avance.)

Là, merci !

(Elle rit.)

On a tiré sur mon carrosse !

(Fièrement.)

Une patrouille !
— Il a l'air d'être fait avec une citrouille, *pumpkin*
N'est-ce pas ? comme dans le conte, et les laquais
Avec des rats.

(Envoyant des lèvres un baiser à Christian.)

Bonjour !

(Les regardant tous.)

Vous n'avez pas l'air gais !
— Savez-vous que c'est loin, Arras ?

(Apercevant Cyrano.)

Cousin, charmée !

CYRANO, s'avançant.

Ah çà ! comment ?...

ROXANE

Comment j'ai retrouvé l'armée ?
Oh ! mon Dieu, mon ami, mais c'est tout simple : j'ai
Marché tant que j'ai vu le pays ravagé.
Ah ! ces horreurs, il a fallu que je les visse
Pour y croire ! Messieurs, si c'est là le service
De votre Roi, le mien vaut mieux !

CYRANO

Voyons, c'est fou !
Par où diable avez-vous bien pu passer ?

ROXANE.

Par où ?
Par chez les Espagnols.

PREMIER CADET. *word*

Ah ! qu'Elles sont malignes !

DE GUICHE.

Comment avez-vous fait pour traverser leurs lignes ?

LE BRET.

Cela dut être très difficile !...

ROXANE.

Pas trop.
J'ai simplement passé dans mon carrosse, au trot.

Si quelque hidalgo montrait sa mine altière,
Je mettais mon plus beau sourire à la portière,
Et ces messieurs étant, n'en déplaise aux Français,
Les plus galantes gens du monde, — je passais !

CARBON.

Oui, c'est un passeport, certes, que ce sourire !
Mais on a fréquemment dû vous sommer de dire
Où vous alliez ainsi, madame ?

ROXANE.

Fréquemment.

Alors je répondais : « Je vais voir mon amant. »
— Aussitôt l'Espagnol à l'air le plus féroce
Refermait gravement la porte du carrosse,
D'un geste de la main à faire envie au Roi
Relevait les mousquets déjà braqués sur moi, *armed*
Et superbe de grâce, à la fois, et de morgue,
L'ergot tendu sous la dentelle en tuyau d'orgue,
Le feutre au vent pour que la plume palpitât,
S'inclinait en disant : « Passez, senorita ! »

CHRISTIAN.

Mais, Roxane...

ROXANE.

J'ai dit : mon amant, oui... pardonne !
Tu comprends, si j'avais dit : mon mari, personne
Ne m'eût laissé passer !

CHRISTIAN.

Mais...

ROXANE.

Qu'avez-vous ?

DE GUICHE.

Il faut

Vous en aller d'ici !

ROXANE.

Moi ?

CYRANO.

Bien vite !

LE BRET.

                              Au plus tôt !

CHRISTIAN.

Oui !

ROXANE.

   Mais comment ?

CHRISTIAN, embarrassé.

       C'est que...

CYRANO, de même.

            Dans trois quarts d'heure...

DE GUICHE, de même.

                    ...ou quatre...

CARBON, de même.

Il vaut mieux. .

LE BRET, de même.

     Vous pourriez...

ROXANE.

                 Je reste. On va se battre.

TOUS.

Oh ! non !

ROXANE

     C'est mon mari !

            (Elle se jette dans les bras de Christian.)
                 Qu'on me tue avec toi !

CHRISTIAN.

Mais quels yeux vous avez !

ROXANE.

                 Je te dirai pourquoi !

DE GUICHE, désespéré.

C'est un poste terrible !

ROXANE, se retournant.

       Hein ! terrible ?

CYRANO.

                 Et la preuve

C'est qu'il nous l'a donné !

ROXANE, à de Guiche.

            Ah ! vous me vouliez veuve ?

DE GUICHE.

Oh ! je vous jure !...

ROXANE.

Non ! Je suis folle à présent !
Et je ne m'en vais plus ! D'ailleurs, c'est amusant.

CYRANO.

Eh quoi ! la précieuse était une héroïne ?

ROXANE.

Monsieur de Bergerac, je suis votre cousine.

UN CADET.

Nous vous défendrons bien !

ROXANE, enfiévrée de plus en plus.

Je le crois, mes amis !

UN AUTRE, avec enivrement.

Tout le camp sent l'iris !

ROXANE.

Et j'ai justement mis
Un chapeau qui fera très bien dans la bataille !...
        (Regardant de Guiche.)
Mais peut-être est-il temps que le comte s'en aille :
On pourrait commencer.

DE GUICHE.

Ah ! c'en est trop ! Je vais
Inspecter mes canons, et reviens... Vous avez
Le temps encor : changez d'avis !

ROXANE.

Jamais !
                    (De Guiche sort.)

SCÈNE VI

Les Mêmes, moins DE GUICHE.

CHRISTIAN, suppliant.

Roxane !...

ROXANE.

Non !

PREMIER CADET, aux autres.

Elle reste !

TOUS, se précipitant, se bousculant, s'astiquant.

Un peigne ! — Un savon ! — Ma basane
Est trouée : une aiguille ! — Un ruban ! — Ton miroir ! —
Mes manchettes ! — Ton fer à moustache ! — Un rasoir !

ROXANE, à Cyrano qui la supplie encore.

Non ! rien ne me fera bouger de cette place !

CARBON, après s'être, comme les autres, sanglé, épousseté, avoir
brossé son chapeau, redressé sa plume et tiré ses manchettes,
s'avance vers Roxane, et cérémonieusement.

Peut-être siérait-il que je vous présentasse,
Puisqu'il en est ainsi, quelques de ces messieurs
Qui vont avoir l'honneur de mourir sous vos yeux.

(Roxane s'incline et elle attend, debout au bras de Christian.
Carbon présente.)

Baron de Peyrescous de Colignac !

LE CADET, saluant.

Madame...

CARBON, continuant.

Baron de Casterac de Cahuzac. — Vidame
De Malgouyre Estressac Lésbas d'Escarabiot. —
Chevalier d'Antignac-Juzet. — Baron Hillot
De Blagnac-Saléchan de Castel-Crabioules...

ROXANE.

Mais combien avez-vous de noms, chacun ?

LE BARON HILLOT.

Des foules !

CARBON, à Roxane.

Ouvrez la main qui tient votre mouchoir.

ROXANE, ouvre la main et le mouchoir tombe.

Pourquoi ?

(Toute la compagnie fait le mouvement de s'élancer pour le
ramasser.)

CARBON, le ramassant vivement.

Ma compagnie était sans drapeau ! Mais, ma foi,
C'est le plus beau du camp qui flottera sur elle !

ROXANE, souriant.

Il est un peu petit.

CARBON, attachant le mouchoir à la hampe de sa lance de capitaine.

Mais il est en dentelle !

UN CADET, aux autres.

Je mourrais sans regret ayant vu ce minois,
Si j'avais seulement dans le ventre une noix !…

CARBON, qui l'a entendu, indigné.

Fi ! parler de manger lorsqu'une exquise femme !…

ROXANE.

Mais l'air du camp est vif et, moi-même, m'affame :
Pâtés, chaud-froids, vins fins : — mon menu, le voilà !
— Voulez-vous m'apporter tout cela !

(Consternation.)

UN CADET.

Tout cela !

UN AUTRE.

Où le prendrions-nous, grand Dieu ?

ROXANE, tranquillement.

Dans mon carrosse.

TOUS.

Hein ?…

ROXANE.

Mais il faut qu'on serve et découpe, et désosse !
Regardez mon cocher d'un plus près, messieurs,
Et vous reconnaîtrez un homme précieux :
Chaque sauce sera, si l'on veut, réchauffée !

LES CADETS, se ruant vers le carrosse.

C'est Ragueneau !

(Acclamations.)

Oh ! Oh !

ROXANE, les suivant des yeux.

Pauvres gens !

CYRANO, lui baisant la main.

Bonne fée !

RAGUENEAU, debout sur le siège comme un charlatan
en place publique.

Messieurs !...

(Enthousiasme.)

LES CADETS.

Bravo ! Bravo !

When the S. let now R

RAGUENEAU.

Les Espagnols n'ont pas,

Quand passaient tant d'appas, vu passer le repas !

(Applaudissements.)

CYRANO, bas à Christian.

Hum ! hum ! Christian !

RAGUENEAU.

Distraits par la galanterie

Ils n'ont pas vu...

(Il tire de son siège un plat qu'il élève.)

la galantine !...   *food*

(Applaudissements. La galantine passe de mains en mains.)

CYRANO, bas à Christian.

Je t'en prie,

Un seul mot !...

RAGUENEAU.

Et Vénus sut occuper leur œil

Pour que Diane, en secret, pût passer...   *ug of mutton*

(Il brandit un gigot.)

son chevreuil !   *venison*

(Enthousiasme. Le gigot est saisi par vingt mains tendues.)

CYRANO, bas à Christian.

Je voudrais te parler !

ROXANE, aux cadets qui redescendent, les bras chargés
de victuailles.

Posez cela par terre !

(Elle met le couvert sur l'herbe, aidée des deux laquais im-
perturbables qui étaient derrière le carrosse.)

ROXANE, à Christian, au moment où Cyrano allait l'entraîner
à part.

Vous, rendez-vous utile !

(Christian vient l'aider Mouvement d'inquiétude de Cyrano.)

RAGUENEAU.

Un paon truffé !

PREMIER CADET, épanoui, qui descend en coupant une large
tranche de jambon.

Tonnerre !
Nous n'aurons pas couru notre dernier hasard
Sans faire un gueuleton...

(Se reprenant vivement en voyant Roxane.)
pardon ! un balthazar !

RAGUENEAU, lançant les coussins du carrosse.
Les coussins sont remplis d'ortolans !

(Tumulte. On éventre les coussins. Rire. Joie.)

TROISIÈME CADET.

Ah ! Viédaze !

RAGUENEAU, lançant des flacons de vin rouge.
Des flacons de rubis !...

(De vin blanc.)
Des flacons de topaze !

ROXANE, jetant une nappe pliée à la figure de Cyrano.
Défaites cette nappe !... Eh ! hop ! Soyez léger !

RAGUENEAU, brandissant une lanterne arrachée.
Chaque lanterne est un petit garde-manger !

CYRANO, bas à Christian, pendant qu'ils arrangent la nappe
ensemble.
Il faut que je te parle avant que tu lui parles !

RAGUENEAU, de plus en plus lyrique.
Le manche de mon fouet est un saucisson d'Arles !

ROXANE, versant du vin, servant.
Puisqu'on nous fait tuer, morbleu ! nous nous moquons
Du reste de l'armée ! — Oui ! tout pour les Gascons !
Et si de Guiche vient, personne ne l'invite !
(Allant de l'un à l'autre.)
Là, vous avez le temps. — Ne mangez pas si vite ! —
Buvez un peu. — Pourquoi pleurez-vous ?

PREMIER CADET.

C'est trop bon !

ROXANE.

Chut ! — Rouge ou blanc ? — Du pain pour monsieur de
Carbon !
— Un couteau ! — Votre assiette ! — Un peu de croûte ?
Encore ?
— Je vous sers ! — Du bourgogne ? — Une aile ?

CYRANO, qui la suit, les bras chargés de plats, l'aidant à servir.

Je l'adore !

ROXANE, allant à Christian.

Vous ?

CHRISTIAN.

Rien.

ROXANE.

Si ! ce biscuit, dans du muscat... deux doigts !

CHRISTIAN, essayant de la retenir.

Oh ! dites-moi pourquoi vous vîntes ?

ROXANE.

Je me dois
A ces malheureux.... Chut ! Tout à l'heure !...

LE BRET, qui était remonté au fond, pour passer, au bout d'une
lance, un pain à la sentinelle du talus.

De Guiche !

CYRANO.

Vite, cachez flacon, plat, terrine, bourriche !
Hop ! — N'ayons l'air de rien !...

(A Ragueneau.)

Toi, remonte d'un bond
Sur ton siège ! — Tout est caché ?...

(En un clin d'œil tout a été repoussé dans les tentes, ou caché
sous les vêtements, sous les manteaux, dans les feutres. — De
Guiche entre vivement — et s'arrête, tout d'un coup, reniflant.
— Silence.)

SCÈNE VII

Les Mêmes. DE GUICHE.

DE GUICHE.

Cela sent bon.

UN CADET, chantonnant d'un air détaché.

To lo lo !...

DE GUICHE, s'arrêtant et le regardant.

Qu'avez-vous, vous ?... Vous êtes **tout rouge** !

LE CADET.

Moi ?... Mais rien. C'est le sang. On va se battre : il bouge !

UN AUTRE.

Poum... poum... poum...

DE GUICHE, se retournant.

Qu'est cela ?

LE CADET, légèrement gris.

Rien ! C'est une chanson !

Une petite...

DE GUICHE.

Vous êtes gai, mon garçon !

LE CADET.

L'approche du danger !

DE GUICHE, appelant Carbon de Castel-Jaloux, pour donner
un ordre.

Capitaine ! je...

(Il s'arrête en le voyant.)

Peste !

Vous avez bonne mine aussi !

CARBON, cramoisi, et cachant une bouteille derrière son dos,
avec un geste évasif.

Oh !...

DE GUICHE.

Il me reste

Un canon que j'ai fait porter...

(Il montre un endroit dans la coulisse.)

là, dans ce coin,

Et vos hommes pourront s'en servir au besoin.

UN CADET, se dandinant.

Charmante attention !

UN AUTRE, lui souriant gracieusement.
Douce sollicitude !

DE GUICHE.

Ah ça ! mais ils sont fous ! —

(Sèchement.)
N'ayant pas l'habitude
Du canon, prenez garde au recul.

LE PREMIER CADET.

Ah ! pfftt !

DE GUICHE, allant à lui, furieux.
Mais !...

LE CADET.

Le canon des Gascons ne recule jamais !

DE GUICHE, le prenant par le bras et le secouant.
Vous êtes gris !... De quoi ?

LE CADET, superbe.

De l'odeur de la poudre !

DE GUICHE, haussant les épaules, le repousse et va vivement
à Roxane.

Vite, à quoi daignez-vous, madame, vous résoudre ?

ROXANE.

Je reste !

DE GUICHE.

Fuyez !

ROXANE.

Non !

DE GUICHE.
Puisqu'il en est ainsi,
Qu'on me donne un mousquet !

CARBON.
Comment ?

DE GUICHE.
Je reste aussi.

CYRANO.

Enfin, Monsieur ! voilà de la bravoure pure !

PREMIER CADET   *lace*

Seriez-vous un Gascon malgré votre guipure ?

ROXANE.

Quoi !...

DE GUICHE.

Je ne quitte pas une femme en danger.

DEUXIÈME CADET, au premier.

Dis donc ! Je crois qu'on peut lui donner à manger !
(Toutes les victuailles reparaissent comme par enchantement.)

DE GUICHE, dont les yeux s'allument.

Des vivres !

UN TROISIÈME CADET.

Il en sort de toutes les vestes !

DE GUICHE, se maîtrisant, avec hauteur.

Est-ce que vous croyez que je mange vos restes !

CYRANO, saluant.

Vous faites des progrès !

DE GUICHE, fièrement, et à qui échappe sur le dernier mot
une légère pointe d'accent.

Je vais me battre à jeun !

PREMIER CADET, exultant de joie.

A *jeung !* Il vient d'avoir l'accent !

DE GUICHE, riant.

Moi !

LE CADET.

C'en est un !
(Ils se mettent tous à danser.)

CARBON DE CASTEL-JALOUX, qui a disparu depuis un moment
derrière le talus, reparaissant sur la crête.

J'ai rangé mes piquiers, leur troupe est résolue !
(Il montre une ligne de piques qui dépasse la crête.)

DE GUICHE, à Roxane, en s'inclinant.

Acceptez-vous ma main pour passer leur revue ?...
(Elle la prend, ils remontent vers le talus. Tout le monde se
découvre et les suit.)

CHRISTIAN, allant à Cyrano, vivement.

Parle vite !

(Au moment où Roxane paraît sur la crête, les lances disparaissent, abaissées pour le salut, un cri s'élève : elle s'incline.)

LES PIQUIERS, au dehors.

Vivat !

CHRISTIAN.

Quel était ce secret !

CYRANO.

Dans le cas où Roxane...

CHRISTIAN.

Eh bien ?

CYRANO.

Te parlerait

Des lettres ?

CHRISTIAN.

Oui, je sais !...

CYRANO.

Ne fais pas la sottise

De t'étonner....

CHRISTIAN.

De quoi ?

CYRANO.

Il faut que je te dise !...
Oh ! mon Dieu, c'est tout simple, et j'y pense aujourd'hui
En la voyant. Tu lui...

CHRISTIAN.

Parle vite !

CYRANO.

Tu lui...

As écrit plus souvent que tu ne crois.

CHRISTIAN.

Hein ?

CYRANO.

Dame !

Je m'en étais chargé : j'interprétais ta flamme !

J'écrivais quelquefois sans te dire : j'écris !

CHRISTIAN.

Ah ?

CYRANO.

C'est tout simple !

CHRISTIAN.

Mais comment t'y es-tu pris,
Depuis qu'on est bloqué pour ?...

CYRANO.

Oh !... avant l'aurore
Je pouvais traverser...

CHRISTIAN, se croisant les bras.

Ah ! c'est tout simple encore ?
Et qu'ai-je écrit de fois par semaine ?... Deux ? — Trois ?..
Quatre ? —

CYRANO.

Plus.

CHRISTIAN.

Tous les jours ?

CYRANO.

Oui, tous les jours. — Deux fois.

CHRISTIAN, violemment.

Et cela t'enivrait, et l'ivresse était telle
Que tu bravais la mort...

CYRANO, voyant Roxane qui revient.

Tais-toi ! Pas devant elle !
(Il rentre vivement dans sa tente.)

SCÈNE VIII

ROXANE, CHRISTIAN ; au fond, allées et venues de
Cadets. CARBON et DE GUICHE donnent des ordres.

ROXANE, courant à Christian.

Et maintenant, Christian !...

CHRISTIAN, lui prenant les mains.

Et maintenant, dis moi
Pourquoi, par ces chemins effroyables, pourquoi

A travers tous ces rangs de soudards et de reîtres,
Tu m'as rejoint ici ?

ROXANE.

C'est à cause des lettres !

CHRISTIAN.

Tu dis ?

ROXANE.

Tant pis pour vous si je cours ces dangers !
Ce sont vos lettres qui m'ont grisée ! Ah ! songez
Combien depuis un mois vous m'en avez écrites,
Et plus belles toujours !

CHRISTIAN

Quoi ! pour quelques petites
Lettres d'amour...

ROXANE.

Tais-toi !... Tu ne peux pas savoir !
Mon Dieu, je t'adorais, c'est vrai, depuis qu'un soir,
D'une voix que je t'ignorais, sous ma fenêtre,
Ton âme commença de se faire connaître...
Eh bien ! tes lettres, c'est, vois-tu, depuis un mois,
Comme si tout le temps, je l'entendais, ta voix
De ce soir-là, si tendre, et qui vous enveloppe !
Tant pis pour toi, j'accours. La sage Pénélope
Ne fût pas demeurée à broder sous son toit,
Si le Seigneur Ulysse eût écrit comme toi,
Mais pour le joindre, elle eût, aussi folle qu'Hélène,
Envoyé promener ses pelotons de laine !...

CHRISTIAN.

Mais...

ROXANE.

Je lisais, je relisais, je défaillais,
J'étais à toi. Chacun de ces petits feuillets
Était comme un pétale envolé de ton âme.
On sent à chaque mot de ces lettres de flamme
L'amour puissant, sincère...

CHRISTIAN.

Ah ! sincère et puissant ?
Cela se sent, Roxane ?...

ROXANE.

Oh ! si cela se sent !

CHRISTIAN.

Et vous venez ?

ROXANE.

Je viens (ô mon Christian, mon maître !
Vous me relèveriez si je voulais me mettre
A vos genoux, c'est donc mon âme que j'y mets,
Et vous ne pourrez plus la relever jamais !)
Je viens te demander pardon (et c'est bien l'heure
De demander pardon, puisqu'il se peut qu'on meure !)
De t'avoir fait d'abord, dans ma frivolité,
L'insulte de t'aimer pour ta seule beauté !

CHRISTIAN, avec épouvante.

Ah ! Roxane !

ROXANE.

Et plus tard, mon ami, moins frivole,
— Oiseau qui saute avant tout à fait qu'il s'envole, —
Ta beauté m'arrêtant, ton âme m'entraînant,
Je t'aimais pour les deux ensemble !...

CHRISTIAN.

Et maintenant ?

ROXANE.

Eh bien ! toi-même enfin l'emporte sur toi-même.
Et ce n'est plus que pour ton âme que je t'aime !

CHRISTIAN, reculant.

Ah ! Roxane !

ROXANE.

Sois donc heureux. Car n'être aimé
Que pour ce dont on est un instant costumé,
Doit mettre un cœur avide et noble à la torture ;
Mais ta chère pensée efface ta figure,
Et la beauté par quoi tout d'abord tu me plus,
Maintenant j'y vois mieux... et je ne la vois plus !

CHRISTIAN.

Oh !...

ROXANE.

Tu doutes encor d'une telle victoire ?...

CHRISTIAN, douloureusement.

Roxane !

ROXANE.

Je comprends, tu ne peux pas y croire,
A cet amour ?...

CHRISTIAN.

Je ne veux pas de cet amour !
Moi, je veux être aimé plus simplement pour...

ROXANE.

Pour
Ce qu'en vous elles ont aimé jusqu'à cette heure ?
Laissez-vous donc aimer d'une façon meilleure !

CHRISTIAN.

Non ! c'était mieux avant !

ROXANE.

Ah ! tu n'y entends rien !
C'est maintenant que j'aime mieux, que j'aime bien !
C'est ce qui te fait toi, tu m'entends, que j'adore,
Et moins brillant...

CHRISTIAN.

Tais-toi !

ROXANE.

Je t'aimerais encore !
Si toute ta beauté tout d'un coup s'envolait...

CHRISTIAN.

Oh ! ne dis pas cela !

ROXANE.

Si ! je le dis !

CHRISTIAN.

Quoi ? laid ?

ROXANE.

Laid ! je le jure !

CHRISTIAN.

Dieu !

ROXANE.

Et ta joie est profonde ?

CHRISTIAN, d'une voix étouffée.

Oui...

ROXANE.

Qu'as-tu ?...

CHRISTIAN, la repoussant doucement.

Rien. Deux mots à dire : une seconde..

ROXANE.

Mais ?...

CHRISTIAN, lui montrant un groupe de cadets, au fond.

A ces pauvres gens mon amour t'enleva :
Va leur sourire un peu puisqu'ils vont mourir... va !

ROXANE, attendrie.

Cher Christian !

(Elle remonte vers les Gascons qui s'empressent respectueusement autour d'elle.)

SCÈNE IX

CHRISTIAN, CYRANO ; au fond ROXANE,
causant avec CARBON et quelques Cadets.

CHRISTIAN, appelant vers la tente de Cyrano.

Cyrano ?

CYRANO, reparaissant, armé pour la bataille.

Qu'est-ce ? Te voilà blême !

CHRISTIAN.

Elle ne m'aime plus !

CYRANO.

Comment ?

CHRISTIAN.

C'est toi qu'elle aime !

CYRANO.

Non !

CHRISTIAN.

Elle n'aime plus que mon âme !

CYRANO.

Non !

CHRISTIAN.

Si !

C'est donc bien toi qu'elle aime, — et tu l'aimes aussi !

CYRANO.

Moi ?

CHRISTIAN.

Je le sais.

CYRANO.

C'est vrai.

CHRISTIAN.

Comme un fou.

CYRANO.

Davantage.

CHRISTIAN.

Dis-le-lui !

CYRANO.

Non !

CHRISTIAN.

Pourquoi ?

CYRANO.

Regarde mon visage !

CHRISTIAN.

Elle m'aimerait laid !

CYRANO.

Elle te l'a dit !

CHRISTIAN.

Là !

CYRANO.

Ah ! je suis bien content qu'elle t'ait dit cela !
Mais va, va, ne crois pas cette chose insensée !
— Mon Dieu, je suis content qu'elle ait eu la pensée

De la dire, — mais va, ne la prends pas au mot,
Va, ne deviens pas laid : elle m'en voudrait trop !

CHRISTIAN.

C'est ce que je veux voir !

CYRANO.
Non, non !

CHRISTIAN.
Qu'elle choisisse !

Tu vas lui dire tout !

CYRANO.
Non, non ! Pas ce supplice.

CHRISTIAN.

Je tuerais ton bonheur parce que je suis beau ?
C'est trop injuste !

CYRANO.
Et moi, je mettrais au tombeau
Le tien parce que, grâce au hasard qui fait naître,
J'ai le don d'exprimer... ce que tu sens peut-être ?

CHRISTIAN.

Dis-lui tout !

CYRANO.
Il s'obstine à me tenter, c'est mal !

CHRISTIAN.

Je suis las de porter en moi-même un rival !

CYRANO.

Christian !

CHRISTIAN.
Notre union — sans témoins — clandestine,
— Peut se rompre, — si nous survivons !

CYRANO.
Il s'obstine !...

CHRISTIAN.

Oui, je veux être aimé moi-même, ou pas du tout !
— Je vais voir ce qu'on fait, tiens ! Je vais jusqu'au bout
Du poste ; je reviens : parle. et qu'elle préfère
L'un de nous deux !

CYRANO.

Ce sera toi !

CHRISTIAN.

Mais... je l'espère !

(Il appelle.)

Roxane !

CYRANO.

Non ! Non !

ROXANE, accourant.

Quoi ?

CHRISTIAN.

Cyrano vous dira

Une chose importante...

(Elle va vivement à Cyrano. Christian sort.)

SCÈNE X

ROXANE, CYRANO, puis LE BRET, CARBON DE CASTEL-JALOUX, les Cadets, RAGUENEAU, DE GUICHE, etc.

ROXANE.

Importante ?

CYRANO, éperdu.

Il s'en va !...

(A Roxane.)

Rien... Il attache, — oh! Dieu! vous devez le connaître! — De l'importance à rien !

ROXANE, vivement.

Il a douté peut-être

De ce que j'ai dit là ?... J'ai vu qu'il a douté !...

CYRANO, lui prenant la main.

Mais avez-vous bien dit, d'ailleurs, la vérité ?

ROXANE.

Oui, oui, je l'aimerais même...

(Elle hésite une seconde.)

CYRANO, souriant tristement.

Le mot vous gêne

Devant moi ?

ROXANE.

Mais...

CYRANO.

Il ne me fera pas de peine !

Même laid ?

ROXANE.

Même laid !

(Mousqueterie au dehors.)

Ah ! tiens, on a tiré !

CYRANO, ardemment.

Affreux ?

ROXANE.

Affreux !

CYRANO.

Défiguré ?

ROXANE.

Défiguré !

CYRANO.

Grotesque ?

ROXANE.

Rien ne peut me le rendre grotesque !

CYRANO.

Vous l'aimeriez encore ?

ROXANE.

Et davantage presque !

CYRANO, perdant la tête, à part.

Mon Dieu, c'est vrai, peut-être, et le bonheur est là.

(A Roxane.)

Je... Roxane... écoutez !...

LE BRET, entrant rapidement, appelle à mi-voix.

Cyrano !

CYRANO, se retournant.

Hein ?

LE BRET.

Chut !

(Il lui dit un mot tout bas.)

CYRANO, laissant échapper la main de Roxane, avec un cri.

Ah !...

ROXANE.

Qu'avez-vous ?

CYRANO, à lui-même, avec stupeur.

C'est fini.

(Détonations nouvelles.)

ROXANE.

Quoi ? Qu'est-ce encore ? On tire ?

(Elle remonte pour regarder au dehors.)

CYRANO.

C'est fini, jamais plus je ne pourrai le dire !

ROXANE, voulant s'élancer.

Que se passe-t-il ?

CYRANO, vivement, l'arrêtant.

Rien !

(Des cadets sont entrés, cachant quelque chose qu'ils portent, et ils forment un groupe empêchant Roxane d'approcher.)

ROXANE.

Ces hommes ?

CYRANO, l'éloignant.

Laissez-les !...

ROXANE.

Mais qu'alliez-vous me dire avant ?...

CYRANO.

Ce que j'allais
Vous dire ?... rien, oh ! rien, je le jure, madame !

(Solennellement.)

Je jure que l'esprit de Christian, que son âme
Etaient...

(Se reprenant avec terreur.)

sont les plus grands...

ROXANE.

Etaient ?

(Avec un grand cri.)

Ah !...

(Elle se précipite et écarte tout le monde.)

CYRANO.

C'est fini.

ROXANE, voyant Christian couché dans son manteau.

Christian !

LE BRET, à Cyrano.

Le premier coup de feu de l'ennemi !

(Roxane se jette sur le corps de Christian. Nouveaux coups de feu. Cliquetis. Rumeurs. Tambours.)

CARBON DE CASTEL-JALOUX, l'épée au poing.

C'est l'attaque ! Aux mousquets !

(Suivi des cadets, il passe de l'autre côté du talus.)

ROXANE.

Christian !

LA VOIX DE CARBON, derrière le talus.

Qu'on se dépêche !

ROXANE.

Christian !

CARBON.

Alignez-vous !

ROXANE.

Christian !

CARBON.

Mesurez... mèche !

(Ragueneau est accouru, apportant de l'eau dans un casque.)

CHRISTIAN, d'une voix mourante.

Roxane !...

CYRANO, vite et bas à l'oreille de Christian, pendant que Roxane affolée trempe dans l'eau, pour le panser, un morceau de linge arraché à sa poitrine.

J'ai tout dit. C'est toi qu'elle aime encor !

(Christian ferme les yeux.)

ROXANE.

Quoi, mon amour ?

CARBON.

Baguette haute !

ROXANE, à Cyrano.

Il n'est pas mort ?...

CARBON.

Ouvrez la charge avec les dents !

ROXANE.

Je sens sa joue

Devenir froide, là, contre la mienne !

CARBON.

En joue !

ROXANE.

Une lettre sur lui !

(Elle l'ouvre.)

Pour moi !

CYRANO, à part.

Ma lettre !

CARBON.

Feu !

(Mousqueterie. Cris. Bruit de bataille.)

CYRANO, voulant dégager sa main que tient Roxane agenouillée.

Mais, Roxane, on se bat !

ROXANE, le retenant.

Restez encore un peu.

Il est mort. Vous étiez le seul à le connaître.

(Elle pleure doucement.)

— N'est-ce pas que c'était un être exquis, un être
Merveilleux ?

CYRANO, debout, tête nue.

Oui, Roxane.

ROXANE.

Un poète inouï,

Adorable ?

CYRANO
Oui, Roxane.

ROXANE.
Un esprit sublime ?

CYRANO.
Oui,
Roxane !

ROXANE.
Un cœur profond, inconnu du profane,
Une âme magnifique et charmante ?

CYRANO, fermement.
Oui, Roxane !

ROXANE, se jetant sur le corps de Christian.
Il est mort !

CYRANO, à part, tirant l'épée.
Et je n'ai qu'à mourir aujourd'hui,
Puisque, sans le savoir, elle me pleure en lui !
(Trompettes au loin.)

DE GUICHE, qui reparaît sur le talus, décoiffé, blessé au front,
d'une voix tonnante.
C'est le signal promis ! Des fanfares de cuivres !
Les Français vont rentrer au camp avec des vivres !
Tenez encore un peu !

ROXANE.
Sur sa lettre, du sang,
Des pleurs !

UNE VOIX, au dehors criant.
Rendez-vous !

VOIX DES CADETS.
Non !

RAGUENEAU, qui, grimpé sur son carrosse, regarde la bataille
par-dessus le talus.
Le péril va croissant !

CYRANO, à de Guiche lui montrant Roxane.
Emportez-la ! Je vais charger !

ROXANE, baisant la lettre, d'une voix mourante.

Son sang ! ses larmes !...

RAGUENEAU, sautant à bas du carrosse pour courir vers elle.

Elle s'évanouit !

DE GUICHE, sur le talus, aux cadets, avec rage.

Tenez bon !

UNE VOIX, au dehors.

Bas les armes !

VOIX DES CADETS.

Non !

CYRANO, à de Guiche.

Vous avez prouvé, Monsieur, votre valeur :
(Lui montrant Roxane.)

Fuyez en la sauvant !

DE GUICHE, qui court à Roxane et l'enlève dans ses bras.

Soit ! Mais on est vainqueur

Si vous gagnez du temps !

CYRANO.

C'est bon !

(Criant vers Roxane que de Guiche, aidé de Ragueneau, emporte évanouie.)

Adieu, Roxane !

(Tumulte. Cris. Des cadets reparaissent blessés et viennent tomber en scène. Cyrano se précipitant au combat est arrêté sur la crête par Carbon de Castel-Jaloux, couvert de sang.)

CARBON.

Nous plions ! J'ai reçu deux coups de pertuisane !

CYRANO, criant aux Gascons.

Hardi ! Reculès pas, drollos !
(A Carbon, qu'il soutient.

N'ayez pas peur !

J'ai deux morts à venger : Christian et mon bonheur !

(Ils redescendent. Cyrano brandit la lance où est attaché le mouchoir de Roxane.)

Flotte, petit drapeau de dentelle à son chiffre !

(Il la plante en terre ; il crie aux cadets.)

Toumbé dèssus ! Escrasas lous !

(Au fifre.)
Un air de fifre !
(Le fifre joue. Des blessés se relèvent. Des cadets dégrin-
golant le talus viennent se grouper autour de Cyrano et du petit
drapeau. Le carrosse se couvre et se remplit d'hommes, se
hérisse d'arquebuses, se transforme en redoute.)

UN CADET, paraissant, à reculons, sur la crête, se battant
toujours, crie :

Ils montent le talus !

(et tombe mort.)

CYRANO.
On va les saluer !
(Le talus se couronne en un instant d'une rangée terrible
d'ennemis. Les grands étendards des Impériaux se lèvent.)

CYRANO.

Feu !

(Décharge générale.)

CRI, dans les rangs ennemis.

Feu !

(Riposte meurtrière. Les cadets tombent de tous côtés.)

UN OFFICIER ESPAGNOL, se découvrant.
Quels sont ces gens qui se font tous tuer ?

CYRANO, récitant debout au milieu des balles.
Ce sont les cadets de Gascogne
De Carbon de Castel-Jaloux ;
Bretteurs et menteurs sans vergogne...

(Il s'élance, suivi des quelques survivants.)

Ce sont les cadets...

Le reste se perd dans la bataille. — Rideau.

CINQUIÈME ACTE

LA GAZETTE DE CYRANO

CINQUIÈME ACTE

LA GAZETTE DE CYRANO

Quinze ans après, en 1655. Le parc du couvent que les Dames de la Croix occupaient à Paris.

Superbes ombrages. A gauche, la maison ; vaste perron sur lequel ouvrent plusieurs portes. Un arbre énorme au milieu de la scène, isolé au milieu d'une petite place ovale. A droite, premier plan, parmi de grands buis, un banc de pierre demi-circulaire.

Tout le fond du théâtre est traversé par une allée de marronniers qui aboutit à droite, quatrième plan, à la porte d'une chapelle entrevue parmi les branches. A travers le double rideau d'arbres de cette allée, on aperçoit des fuites de pelouses, d'autres allées, des bosquets, les profondeurs du parc, le ciel.

La chapelle ouvre une porte latérale sur une colonnade enguirlandée de vigne rougie, qui vient se perdre à droite, au premier plan, derrière les buis.

C'est l'automne. Toute la frondaison est rousse au-dessus des pelouses fraîches. Taches sombres des buis et des ifs restés verts. Une plaque de feuilles jaunes sous chaque arbre. Les feuilles jonchent toute la scène, craquent sous les pas dans les allées, couvrent à demi le perron et les bancs.

Entre le banc de droite et l'arbre, un grand métier à broder devant lequel une petite chaise a été apportée. Paniers pleins d'écheveaux et de pelotons. Tapisserie commencée.

Au lever du rideau, des sœurs vont et viennent dans le parc ; quelques-unes sont assises sur le banc autour d'une religieuse plus âgée. Des feuilles tombent.

SCÈNE PREMIÈRE

Mère MARGUERITE, sœur MARTHE, sœur CLAIRE.
Les Sœurs.

SOEUR MARTHE, à Mère Marguerite.

Sœur Claire a regardé deux fois comment allait
Sa cornette, devant la glace.

MÈRE MARGUERITE, à sœur Claire.

C'est très laid.

SOEUR CLAIRE.

Mais sœur Marthe a repris un pruneau de la tarte,
Ce matin : je l'ai vu.

MÈRE MARGUERITE, à sœur Marthe.

C'est très vilain, sœur Marthe.

SOEUR CLAIRE.

Un tout petit regard !

SOEUR MARTHE.

Un tout petit pruneau !

MÈRE MARGUERITE, sévèrement.

Je le dirai, ce soir, à monsieur Cyrano.

SOEUR CLAIRE, épouvantée.

Non ! il va se moquer !

SOEUR MARTHE.

Il dira que les nonnes

Sont très coquettes !

SOEUR CLAIRE.

Très gourmandes !

MÈRE MARGUERITE, souriant.

Et très bonnes.

SOEUR CLAIRE.

N'est-ce pas, Mère Marguerite de Jésus,
Qu'il vient, le samedi, depuis dix ans !

MÈRE MARGUERITE.

Et plus !

Depuis que sa cousine à nos béguins de toile

Mêla le deuil mondain de sa coiffe de voile,
Qui chez nous vint s'abattre, il y a quatorze ans,
Comme un grand oiseau noir parmi les oiseaux blancs !

SOEUR MARTHE.

Lui seul, depuis qu'elle a pris chambre dans ce cloître,
Sait distraire un chagrin qui ne veut pas décroître.

TOUTES LES SOEURS.

Il est si drôle ! — C'est amusant quand il vient :
— Il nous taquine ! — Il est gentil ! — Nous l'aimons bien!
— Nous fabriquons pour lui des pâtes d'angélique !

SOEUR MARTHE.

Mais enfin, ce n'est pas un très bon catholique !

SOEUR CLAIRE.

Nous le convertirons.

LES SOEURS.
Oui ! Oui !

MÈRE MARGUERITE.
Je vous défends
De l'entreprendre encor sur ce point, mes enfants.
Ne le tourmentez pas : il viendrait moins peut-être !

SOEUR MARTHE.

Mais... Dieu !...

MÈRE MARGUERITE.
Rassurez-vous : Dieu doit bien le connaître.

SOEUR MARTHE.

Mais chaque samedi, quand il vient d'un air fier,
Il me dit en entrant : « Ma sœur, j'ai fait gras, hier ! »

MÈRE MARGUERITE.

Ah ! il vous dit cela ?... Eh bien ! la fois dernière
Il n'avait pas mangé depuis deux jours.

SOEUR MARTHE.
Ma Mère !

MÈRE MARGUERITE.

Il est pauvre.

SOEUR MARTHE.
Qui vous l'a dit ?

MÈRE MARGUERITE.
Monsieur Le Bret.

SOEUR MARTHE.
On ne le secourt pas ?

MÈRE MARGUERITE.
Non, il se fâcherait.

(Dans une allée du fond, on voit apparaître Roxane, vêtue de noir, avec la coiffe des veuves et de longs voiles ; de Guiche, magnifique et vieillissant, marche auprès d'elle. I's vont à pas lents. Mère Marguerite se lève.)

— Allons, il faut rentrer... Madame Magdeleine,
Avec un visiteur, dans le parc se promène.

SOEUR MARTHE, bas à sœur Claire.
C'est le duc-maréchal de Grammont ?

SOEUR CLAIRE, regardant.
Oui, je crois.

SOEUR MARTHE.
Il n'était plus venu la voir depuis des mois !

LES SOEURS.
Il est très pris ! — La cour ! — Les camps !

SOEUR CLAIRE.
Les soins du monde !

(Elles sortent. De Guiche et Roxane descendent en silence et s'arrêtent près du métier. Un temps.)

SCÈNE II

ROXANE, LE DUC DE GRAMMONT
ancien comte de Guiche, puis LE BRET et RAGUENEAU.

LE DUC.

Et vous demeurerez ici, vainement blonde,
Toujours en deuil ?

ROXANE.

Toujours.

LE DUC.

Aussi fidèle ?

ROXANE.

Aussi.

LE DUC, après un temps.

Vous m'avez pardonné ?

ROXANE, simplement, regardant la croix du couvent.

Puisque je suis ici.

(Nouveau silence.)

LE DUC.

Vraiment c'était un être ?...

ROXANE.

Il fallait le connaître !

LE DUC.

Ah ! Il fallait ?... Je l'ai trop peu connu, peut-être !
... Et son dernier billet, sur votre cœur, toujours ?

ROXANE.

Comme un doux scapulaire, il pend à ce velours.

LE DUC.

Même mort, vous l'aimez ?

ROXANE.

Quelquefois il me semble
Qu'il n'est mort qu'à demi, que nos cœurs sont ensemble,
Et que son amour flotte, autour de moi, vivant !

LE DUC, après un silence encore.

Est-ce que Cyrano vient vous voir ?

ROXANE.
                              Oui, souvent.
— Ce vieil ami, pour moi, remplace les gazettes.
Il vient ; c'est régulier ; sous cet arbre où vous êtes
On place son fauteuil, s'il fait beau ; je l'attends
En brodant ; l'heure sonne ; au dernier coup, j'entends
— Car je ne tourne plus même le front ! — sa canne
Descendre le perron ; il s'assied ; il ricane
De ma tapisserie éternelle ; il me fait
La chronique de la semaine, et...

                         (Le Bret paraît sur le perron.)
                              Tiens, Le Bret !

        (Le Bret descend.)
Comment va notre ami ?

                         LE BRET.
                              Mal.

                         LE DUC.
                              Oh !

              ROXANE, au duc.
                              Il exagère !

                         LE BRET.
Tout ce que j'ai prédit : l'abandon, la misère !...
Ses épîtres lui font des ennemis nouveaux !
Il attaque les faux nobles, les faux dévots,
Les faux braves, les plagiaires, — tout le monde.

                         ROXANE.
Mais son épée inspire une terreur profonde.
On ne viendra jamais à bout de lui.

              LE DUC, hochant la tête.
                              Qui sait ?

                         LE BRET.
Ce que je crains, ce n'est pas les attaques, c'est
La solitude, la famine, c'est Décembre
Entrant à pas de loups dans son obscure chambre :
Voilà les spadassins qui plutôt le tueront !
— Il serre chaque jour, d'un cran, son ceinturon.

Son pauvre nez a pris des tons de vieil ivoire.
Il n'a plus qu'un petit habit de serge noire.

LE DUC.

Ah ! celui-là n'est pas parvenu ! — C'est égal,
Ne le plaignez pas trop.

LE BRET, avec un sourire amer.

Monsieur le maréchal !...

LE DUC.

compromise

Ne le plaignez pas trop : il a vécu sans pactes,
Libre dans sa pensée autant que dans ses actes.

LE BRET, de même.

Monsieur le duc !...

LE DUC, hautainement.

Je sais, oui : j'ai tout ; il n'a rien...
Mais je lui serrerais bien volontiers la main.

(Saluant Roxane.)

Adieu.

ROXANE.

Je vous conduis.
(Le duc salue Le Bret et se dirige avec Roxane vers le perron.)

LE DUC, s'arrêtant, tandis qu'elle monte.

Oui, parfois, je l'envie.
— Voyez-vous, lorsqu'on a trop réussi sa vie,
On sent, — n'ayant rien fait, mon Dieu, de vraiment
Mille petits dégoûts de soi, dont le total   [mal !
Ne fait pas un remords, mais une gêne obscure ;
Et les manteaux de duc traînent dans leur fourrure,
Pendant que des grandeurs on monte les degrés,
Un bruit d'illusions sèches et de regrets,
Comme, quand vous montez lentement vers ces portes,
Votre robe de deuil traîne des feuilles mortes.

ROXANE, ironique.

Vous voilà bien rêveur ?...

LE DUC.
Eh ! oui !
(Au moment de sortir, brusquement.)
Monsieur Le Bret !

(A Roxane.)
Vous permettez ? Un mot.
(Il va à Le Bret, et à mi-voix.)
C'est vrai : nul n'oserait
Attaquer votre ami ; mais beaucoup l'ont en haine ;
Et quelqu'un me disait, hier, au jeu, chez la Reine :
« Ce Cyrano pourrait mourir d'un accident. »

LE BRET.
Ah ?

LE DUC.
Oui. Qu'il sorte peu. Qu'il soit prudent.

LE BRET, levant les bras au ciel.
Prudent !
Il va venir. Je vais l'avertir. Oui, mais !...

ROXANE, qui est restée sur le perron, à une sœur
qui s'avance vers elle.
Qu'est-ce ?

LA SOEUR.
Ragueneau veut vous voir, Madame.

ROXANE.
Qu'on le laisse
Entrer.
(Au duc et à Le Bret.)
Il vient crier misère. Etant un jour
Parti pour être auteur, il devint tour à tour
Chantre...

LE BRET.
Etuviste...

ROXANE.
Acteur...

LE BRET.
Bedeau...

ROXANE.

Perruquier... [wig maker]

LE BRET.

Maître

De théorbe... _music_

ROXANE.

Aujourd'hui, que pourrait-il bien être ?

RAGUENEAU, entrant précipitamment.

Ah ! Madame !

(Il aperçoit Le Bret.)

Monsieur !

ROXANE, souriant.)

Racontez vos malheurs

A Le Bret. Je reviens.

RAGUENEAU.

Mais, Madame...

(Roxane sort sans l'écouter, avec le duc. Il redescend vers Le Bret.)

SCÈNE III

LE BRET, RAGUENEAU.

RAGUENEAU.

D'ailleurs,

Puisque vous êtes là, j'aime mieux qu'elle ignore !
— J'allais voir votre ami tantôt. J'étais encore
A vingt pas de chez lui... quand je le vois de loin,
Qui sort. Je veux le joindre. Il va tourner le coin
De la rue... et je cours... lorsque d'une fenêtre
Sous laquelle il passait — est-ce un hasard?... peut-être !—
Un laquais laisse choir une pièce de bois.

LE BRET.

Les lâches !... Cyrano !

RAGUENEAU.

J'arrive et je le vois...

LE BRET.

C'est affreux !

RAGUENEAU.

Notre ami, Monsieur, notre poète,
Je le vois, là, parterre, un grand trou dans la tête !

LE BRET.

Il est mort ?

RAGUENEAU.

Non ! mais... Dieu ! je l'ai porté chez lui.
Dans sa chambre... Ah ! sa chambre ! il faut voir ce réduit !

LE BRET.

Il souffre ?

RAGUENEAU.

Non, Monsieur, il est sans connaissance.

LE BRET.

Un médecin ?

RAGUENEAU.

Il en vint un par complaisance.

LE BRET.

Mon pauvre Cyrano ! — Ne disons pas cela
Tout d'un coup à Roxane ! — Et ce docteur ?

RAGUENEAU.

Il a
Parlé, — je ne sais plus, — de fièvre, de méninges !...
Ah ! si vous le voyiez — la tête dans des linges !...
Courons vite ! — Il n'y a personne à son chevet !
C'est qu'il pourrait mourir, Monsieur, s'il se levait !

LE BRET, l'entraînant vers la droite.

Passons par là ! Viens, c'est plus court ! Par la chapelle !

ROXANE, paraissant sur le perron et voyant Le Bret s'éloigner
par la colonnade qui mène à la petite porte de la chapelle.

Monsieur Le Bret !

(Le Bret et Ragueneau se sauvent sans répondre.)

Le Bret s'en va quand on l'appelle ?
C'est quelque histoire encor de ce bon Ragueneau !

(Elle descend le perron.)

SCÈNE IV

ROXANE seule, puis deux Sœurs, un instant.

ROXANE.

Ah ! que ce dernier jour de septembre est donc beau !
Ma tristesse sourit. Elle qu'Avril offusque,
Se laisse décider par l'automne, moins brusque.

(Elle s'assied à son métier. Deux sœurs sortent de la maison
et apportent un grand fauteuil sous l'arbre.)

Ah ! voici le fauteuil classique où vient s'asseoir
Mon vieil ami !

SOEUR MARTHE.

Mais c'est le meilleur du parloir !

ROXANE.

Merci, ma sœur.

(Les sœurs s'éloignent.)

Il va venir.

(Elle s'installe. On entend sonner l'heure.)

Là... l'heure sonne.
— Mes écheveaux ! — L'heure a sonné ? Ceci m'étonne !
Serait-il en retard pour la première fois ?
La sœur tourière doit — mon dé ?... là, je le vois ! —
L'exhorter à la pénitence.

(Un temps.)

Elle l'exhorte !
— Il ne peut plus tarder. — Tiens ! une feuille morte ! —

(Elle pousse du doigt la feuille tombée sur son métier.)

D'ailleurs, rien ne pourrait — mes ciseaux ... dans mon
L'empêcher de venir !   [sac ! —

UNE SOEUR, paraissant sur le perron.
Monsieur de Bergerac.

SCÈNE V

ROXANE, CYRANO et, un moment, Sœur MARTHE.

ROXANE, sans se retourner.
Qu'est-ce que je disais ?...

(Et elle brode. Cyrano, très pâle, le feutre enfoncé sur les yeux, paraît. La sœur qui l'a introduit rentre. Il se met à descendre le perron lentement, avec un effort visible pour se tenir debout, et en s'appuyant sur sa canne. Roxane travaille à sa tapisserie.)

                     Ah ! ces teintes fanées...

Comment les rassortir ?

           (A Cyrano, sur un ton d'amicale gronderie.)

                   Depuis quatorze années,

Pour la première fois, en retard !

CYRANO, qui est parvenu au fauteuil et s'est assis, d'une voix gaie contrastant avec son visage.

                     Oui, c'est fou !

J'enrage. Je fus mis en retard, vertuchou !...

             ROXANE.

Par ?

             CYRANO.

Par une visite assez inopportune.

         ROXANE, distraite, travaillant.

Ah ! oui ! quelque fâcheux ?

             CYRANO.

                 Cousine, c'était une

Fâcheuse.

             ROXANE.

Vous l'avez renvoyée ?

             CYRANO.

                Oui, j'ai dit :

Excusez-moi, mais c'est aujourd'hui samedi,
Jour où je dois me rendre en certaine demeure ;
Rien ne m'y fait manquer : repassez dans une heure !

          ROXANE, légèrement.

Eh bien ! cette personne attendra pour vous voir :
Je ne vous laisse pas partir avant ce soir.

         CYRANO, avec douceur.

Peut-être un peu plus tôt faudra-t-il que je parte.

(Il ferme les yeux et se tait un instant. Sœur Marthe traverse le parc de la chapelle au perron. Roxane l'aperçoit, lui fait un petit signe de tête.)

ROXANE, à Cyrano.

Vous ne taquinez pas sœur Marthe ?

CYRANO, vivement, ouvrant les yeux.

Si !

(Avec une grosse voix comique.)

Sœur Marthe !

Approchez !

(La sœur glisse vers lui.)

Ha ! ha ! ha ! Beaux yeux toujours baissés !

SOEUR MARTHE, levant les yeux en souriant.

Mais...

(Elle voit sa figure et fait un geste d'étonnement.)

Oh !

CYRANO, bas, lui montrant Roxane.

Chut ! Ce n'est rien ! —

D'une voix fanfaronne. Haut.

Hier, j'ai fait gras.

SOEUR MARTHE.

Je sais.

(A part.)

C'est pour cela qu'il est si pâle !

(Vite et bas.)

Au réfectoire

Vous viendrez tout à l'heure, et je vous ferai boire
Un grand bol de bouillon... Vous viendrez ?

CYRANO.

Oui, oui, oui.

SOEUR MARTHE.

Ah ! vous êtes un peu raisonnable, aujourd'hui !

ROXANE, qui les entend chuchoter.

Elle essaye de vous convertir !

SOEUR MARTHE.

Je m'en garde !

CYRANO.

Tiens, c'est vrai ! Vous toujours si saintement bavarde,
Vous ne me prêchez pas ? c'est étonnant, ceci !...

(Avec une fureur bouffonne.)

Sabre de bois ! Je veux vous étonner aussi !
Tenez, je vous permets...

(Il a l'air de chercher une bonne taquinerie, et de la trouver.)

Ah ! la chose est nouvelle ?...
De... de prier pour moi, ce soir, à la chapelle.

ROXANE.

Oh ! oh !

CYRANO, riant.

Sœur Marthe est dans la stupéfaction !

SOEUR MARTHE, doucement.

Je n'ai pas attendu votre permission.

(Elle rentre.)

CYRANO, revenant à Roxane, penchée sur son métier.

Du diable si je peux jamais, tapisserie,
Voir ta fin !

ROXANE.

J'attendais cette plaisanterie.

(A ce moment, un peu de brise fait tomber les feuilles.

CYRANO

Les feuilles !

ROXANE, levant la tête, et regardant au loin, dans les allées.

Elles sont d'un blond vénitien.
Regardez-les tomber.

CYRANO.

Comme elles tombent bien !
Dans ce trajet si court de la branche à la terre,
Comme elles savent mettre une beauté dernière,
Et malgré leur terreur de pourrir sur le sol,
Veulent que cette chute ait la grâce d'un vol !

ROXANE.

Mélancolique, vous ?

CYRANO, se reprenant.

Mais pas du tout, Roxane !

ROXANE.

Allons, laissez tomber les feuilles de platane...
Et racontez un peu ce qu'il y a de neuf.
Ma gazette ?

CYRANO.

Voici !

ROXANE.

Ah !

CYRANO, de plus en plus pâle, et luttant contre la douleur.

Samedi, dix-neuf :
Ayant mangé huit fois du raisiné de Cette,
Le Roi fut pris de fièvre ; à deux coups de lancette
Son mal fut condamné pour lèse-majesté,
Et cet auguste pouls n'a plus fébricité !
Au grand bal, chez la reine, on a brûlé, dimanche,
Sept cent soixante trois flambeaux de cire blanche ;
Nos troupes ont battu, dit-on, Jean l'Autrichien ;
On a pendu quatre sorciers ; le petit chien
De madame d'Athis a dû prendre un clystère...

ROXANE.

Monsieur de Bergerac, voulez-vous bien vous taire !

CYRANO.

Lundi... rien. Lygdamire a changé d'amant.

ROXANE.

Oh !

CYRANO, dont le visage s'altère de plus en plus.

Mardi, toute la cour est à Fontainebleau.
Mercredi, la Montglat dit au comte de Fiesque :
Non ! Jeudi : Mancini, reine de France, — ou presque !
Le vingt-cinq, la Montglat à de Fiesque dit : Oui ;
Et samedi, vingt-six...

(Il ferme les yeux. Sa tête tombe. Silence.)

ROXANE, surprise de ne plus rien entendre, se retourne, le regarde,
et se levant effrayée.

Il est évanoui ?

(Elle court vers lui en criant.)

Cyrano !

CYRANO, rouvrant les yeux, d'une voix vague.
    Qu'est-ce ?... Quoi ?...
(Il voit Roxane penchée sur lui et, vivement, assurant son
chapeau sur sa tête et reculant avec effroi dans son fauteuil.)
                              Non ! non ! je vous assure,
Ce n'est rien. Laissez-moi !

                    ROXANE.
                        Pourtant...

                    CYRANO.
                              C'est ma blessure
D'Arras... qui... quelquefois... vous savez...

                    ROXANE.
                              Pauvre ami !

                    CYRANO.
Mais ce n'est rien. Cela va finir.
                              (Il sourit avec effort.)
                    C'est fini.

            ROXANE, debout près de lui.
Chacun de nous a sa blessure : j'ai la mienne.
Toujours vive, elle est là, cette blessure ancienne,
        (Elle met la main sur sa poitrine.)
Elle est là, sous la lettre au papier jaunissant
Où l'on peut voir encor des larmes et du sang !
        (Le crépuscule commence à venir.)

                    CYRANO.
Sa lettre !... N'aviez-vous pas dit qu'un jour, peut-être,
Vous me la feriez lire ?

                    ROXANE.
                    Ah ! vous voulez ?... Sa lettre ?

                    CYRANO.
Oui... Je veux... Aujourd'hui...

        ROXANE, lui donnant le sachet pendu à son cou.
                    Tenez !

            CYRANO, le prenant.
                              Je peux ouvrir ?
                    ROXANE.
Ouvrez... lisez !...
            (Elle revient à son métier, le replie, range ses laines.)

CYRANO, lisant

« *Roxane, adieu, je vais mourir !...* »

ROXANE, s'arrêtant, étonnée.

Tout haut ?

CYRANO, lisant.

« *C'est pour ce soir, je crois, ma bien-aimée !*
« *J'ai l'âme lourde encor d'amour inexprimée,*
« *Et je meurs ! jamais plus, jamais mes yeux grisés,*
« *Mes regards dont c'étuit...* »

ROXANE.

Comme vous la lisez,

Sa lettre !

CYRANO, continuant.

« *... dont c'était les frémissantes fêtes,*
« *Ne baiseront au vol les gestes que vous faites ;*
« *J'en revois un petit qui vous est familier*
« *Pour toucher votre front, et je voudrais crier...* »

ROXANE, troublée.

Comme vous la lisez, — cette lettre !

(La nuit vient insensiblement.)

CYRANO.

« *Et je crie :*

« *Adieu !...* »

ROXANE.

Vous la lisez...

CYRANO.

« *Ma chère, ma chérie,*

« *Mon trésor...* »

ROXANE, rêveuse.

D'une voix...

CYRANO.

« *Mon amour !...* »

ROXANE.

D'une voix..

(Elle tressaille.)

Mais... que je n'entends pas pour la première fois !

(Elle s'approche tout doucement, sans qu'il s'en aperçoive, passe derrière le fauteuil, se penche sans bruit, regarde la lettre. — L'ombre augmente.)

CYRANO.

« *Mon cœur ne vous quitta jamais une seconde,*
« *Et je suis et serai jusque dans l'autre monde*
« *Celui qui vous aima sans mesure, celui...* »

ROXANE, *lui posant la main sur l'épaule.*

Comment pouvez-vous lire à présent ? Il fait nuit.

(Il tressaille, se retourne, la voit là tout près, fait un geste d'effroi, baisse la tête. Un long silence. Puis, dans l'ombre complètement venue, elle dit avec lenteur, joignant les mains :)

Et pendant quatorze ans, il a joué ce rôle
D'être le vieil ami qui vient pour être drôle !

at last she has understood

CYRANO.

Roxane !

ROXANE.

C'était vous.

CYRANO.

Non, non, Roxane, non !

ROXANE.

J'aurais dû deviner quand il disait mon nom !

CYRANO.

Non ! ce n'était pas moi !

ROXANE.

C'était vous !

CYRANO.

Je vous jure...

ROXANE.

J'aperçois toute la généreuse imposture :
Les lettres, c'était vous...

CYRANO

Non !

ROXANE.

Les mots chers et fous.

C'était vous...

CYRANO.

Non !

ROXANE.

La voix dans la nuit, c'était vous.

CYRANO.

Je vous jure que non !

ROXANE.

L'âme, c'était la vôtre !

CYRANO.

Je ne vous aimais pas.

ROXANE.

Vous m'aimiez !

CYRANO, se débattant.

C'était l'autre !

ROXANE.

Vous m'aimiez !

CYRANO, d'une voix qui faiblit.

Non !

ROXANE.

Déjà vous le dites plus bas !

CYRANO.

Non, non, mon cher amour, je ne vous aimais pas !

ROXANE.

Ah ! que de choses qui sont mortes... qui sont nées !
— Pourquoi vous être tu pendant quatorze années,
Puisque sur cette lettre où, lui, n'était pour rien,
Ces pleurs étaient de vous ?

CYRANO, lui tendant la lettre.

Ce sang était le sien.

ROXANE.

Alors pourquoi laisser ce sublime silence
Se briser aujourd'hui ?

CYRANO.

Pourquoi ?...

(Le Bret et Ragueneau entrent en courant.)

SCÈNE VI

Les Mêmes, LE BRET et RAGUENEAU.

LE BRET.

Quelle imprudence !

Ah ! j'en étais bien sûr ! il est là !

CYRANO, souriant et se redressant.

Tiens, parbleu !

LE BRET.

Il s'est tué, Madame, en se levant !

ROXANE.

Grand Dieu !

Mais tout à l'heure alors... cette faiblesse ?... cette ?...

CYRANO.

C'est vrai ! je n'avais pas terminé ma gazette :
... Et samedi, vingt-six, une heure avant dîné,
Monsieur de Bergerac est mort assassiné.

(Il se découvre ; on voit sa tête entourée de linges.)

ROXANE.

Que dit-il ? — Cyrano ! — Sa tête enveloppée !...
Ah ! que vous a-t-on fait ? Pourquoi ?

CYRANO.

« D'un coup d'épée,
Frappé par un héros, tomber la pointe au cœur ! »...
— Oui, je disais cela !... Le destin est railleur !...
Et voilà que je suis tué dans une embûche,
Par derrière, par un laquais, d'un coup de bûche !
C'est très bien. J'aurai tout manqué, même ma mort.

RAGUENEAU.

Ah ! Monsieur !...

CYRANO.

Ragueneau, ne pleure pas si fort !...

(Il lui tend la main.)

Qu'est-ce que tu deviens, maintenant, mon confrère ?

RAGUENEAU, à travers ses larmes.

Je suis moucheur de... de... chandelles, chez Molière.

CYRANO.

Molière !

RAGUENEAU.

Mais je veux le quitter, dès demain ;
Oui, je suis indigné !... Hier, on jouait *Scapin,*
Et j'ai vu qu'il vous a pris une scène !

LE BRET.

Entière !

RAGUENEAU.

Oui, Monsieur, le fameux : « Que diable allait-il faire ?...»

LE BRET, furieux.

Molière te l'a pris !

CYRANO.

Chut ! chut ! Il a bien fait !...

(A Ragueneau.)

La scène, n'est-ce pas, produit beaucoup d'effet ?

RAGUENEAU, sanglotant.

Ah ! Monsieur, on riait ! on riait !

CYRANO.

Oui, ma vie
Ce fut d'être celui qui souffle — et qu'on oublie !

(A Roxane.)

Vous souvient-il du soir où Christian vous parla
Sous le balcon ? Eh bien ! toute ma vie est là :
Pendant que je restais en bas, dans l'ombre noire,
D'autres montaient cueillir le baiser de la gloire !
C'est justice, et j'approuve au seuil de mon tombeau :
Molière a du génie et Christian était beau !

(A ce moment, la cloche de la chapelle ayant tinté, on voit
tout au fond, dans l'allée, les religieuses se rendant à l'office.)

Qu'elles aillent prier puisque leur cloche sonne !

ROXANE, se relevant pour appeler.

Ma sœur ! ma sœur !

CYRANO, la retenant.

      Non ! non ! n'allez chercher personne !
Quand vous reviendriez, je ne serais plus là.

    (Les religieuses sont entrées dans la chapelle, on entend l'orgue.)

Il me manquait un peu d'harmonie... en voilà.

ROXANE.

Je vous aime, vivez !

CYRANO.

      Non ! car c'est dans le conte
Que lorsqu'on dit : Je t'aime ! au prince plein de honte,
Il sent sa laideur fondre à ces mots de soleil...
Mais tu t'apercevrais que je reste pareil.

ROXANE.

J'ai fait votre malheur ! moi ! moi !

CYRANO.

      Vous ?... au contraire !
J'ignorais la douceur féminine. Ma mère
Ne m'a pas trouvé beau. Je n'ai pas eu de sœur.
Plus tard, j'ai redouté l'amante à l'œil moqueur.
Je vous dois d'avoir eu, tout au moins, une amie.
Grâce à vous une robe a passé dans ma vie.

LE BRET, lui montrant le clair de lune qui descend à travers
les branches.

Ton autre amie est là, qui vient te voir !

CYRANO, souriant à la lune.

      Je vois.

ROXANE.

Je n'aimais qu'un seul être et je le perds deux fois !

CYRANO.

Le Bret, je vais monter dans la lune opaline,
Sans qu'il faille inventer, aujourd'hui, de machine...

ROXANE.

Que dites-vous ?

CYRANO.

Mais oui, c'est là, je vous le dis,
Que l'on va m'envoyer faire mon paradis.
Plus d'une âme que j'aime y doit être exilée,
Et je retrouverai Socrate et Galilée !

LE BRET, se révoltant.

Non ! non ! C'est trop stupide à la fin, et c'est trop
Injuste ! Un tel poète ! Un cœur si grand, si haut !
Mourir ainsi...! Mourir !...

CYRANO.

Voilà Le Bret qui grogne !

LE BRET, fondant en larmes.

Mon cher ami...

CYRANO, se soulevant, l'œil égaré.

Ce sont les cadets de Gascogne...
— La masse élémentaire... Eh oui ?... voilà le *hic*...

LE BRET.

Sa science... dans son délire !

CYRANO.

Copernic

A dit...

ROXANE.

Oh !

CYRANO.

Mais aussi que diable allait-il faire,
Mais que diable allait-il faire en cette galère ?...

Philosophe, physicien,
Rimeur, bretteur, musicien,
Et voyageur aérien,
Grand riposteur du tac au tac,
Amant aussi — pas pour son bien ! —
Ci-gît Hercule-Savinien
De Cyrano de Bergerac
Qui fut tout, et qui ne fut rien.

...Mais je m'en vais, pardon, je ne peux faire attendre :
— Vous voyez, le rayon de lune vient me prendre !

(Il est retombé assis, les pleurs de Roxane le rappellent à la réalité, il la regarde, et caressant ses voiles :)

Je ne veux pas que vous pleuriez moins ce charmant,
Ce bon, ce beau Christian ; mais je veux seulement
Que lorsque le grand froid aura pris mes vertèbres,
Vous donniez un sens double à ces voiles funèbres,
Et que son deuil sur vous devienne un peu mon deuil.

ROXANE.

Je vous jure !...

CYRANO, est secoué d'un grand frisson et se lève brusquement.

Pas là ! non ! pas dans ce fauteuil !

(On veut s'élancer vers lui.)

— Ne me soutenez pas ! — Personne !

(Il va s'adosser à l'arbre.)

Rien que l'arbre !

(Silence.)

Elle vient. Je me sens déjà botté de marbre,
— Ganté de plomb !

(Il se raidit.)

Oh ! mais !... puisqu'elle est en chemin,
Je l'attendrai debout,

(Il tire l'épée.)

et l'épée à la main !

LE BRET.

Cyrano !

ROXANE, défaillante.

Cyrano !

(Tous reculent épouvantés.)

CYRANO.

Je crois qu'elle regarde...
Qu'elle ose regarder mon nez, cette Camarde !

(Il lève son épée.)

Que dites-vous ?... C'est inutile ?... Je le sais !
Mais on ne se bat pas dans l'espoir du succès !

Non ! non, c'est bien plus beau lorsque c'est inutile !
— Qu'est-ce que c'est que tous ceux-là ! — Vous êtes mille?
Ah ! je vous reconnais, tous mes vieux ennemis !
Le Mensonge ?

> (Il frappe de son épée le vide.)

Tiens, tiens ! — Ha ! ha ! les Compromis,
Les Préjugés, les Lâchetés !...

> (Il frappe.)

Que je pactise ?
Jamais, jamais ! — Ah ! te voilà, toi, la Sottise !
— Je sais bien qu'à la fin vous me mettrez à bas ;
N'importe : je me bats ! je me bats ! je me bats !

> (Il fait des moulinets immenses et s'arrête haletant.)

Oui, vous m'arrachez tout, le laurier et la rose !
Arrachez ! Il y a malgré vous quelque chose
Que j'emporte, et ce soir, quand j'entrerai chez Dieu,
Mon salut balaiera largement le seuil bleu,
Quelque chose que sans un pli, sans une tache,
J'emporte malgré vous,

> (Il s'élance l'épée haute.)

et c'est...

> (L'épée s'échappe de ses mains, il chancelle, tombe dans les
> bras de Le Bret et de Ragueneau.)

ROXANE, se penchant sur lui et lui baisant le front.

C'est ?...

CYRANO, rouvre les yeux, la reconnaît et dit en souriant.

Mon panache.

RIDEAU

NOTES

ACT I

GENERAL NOTE.—The scene of this act is laid in the Hôtel de Bourgogne and the theatre is described as a kind of tennis court, adapted for plays. The game in question is the tennis played in covered courts and not the more modern lawn tennis. The courts were available as theatres because interest in the game was waning. The best seats in the house were on each side of the stage and Rostand does well to use the word 'encumbered' in this connection, for the people who occupied these seats were encumbrances indeed, not merely because of the space they occupied, but also because they thought nothing of interfering during the play.

Ladies and their escorts were seated in the gallery that originally held the spectators who watched from behind a protecting wire-mesh the game of tennis. When the court was adapted for theatre use the wire was removed and the gallery divided into loges. The *parterre* or pit was not provided with seats and was occupied by a rather turbulent crowd in the early part of the century.

Stage and hall were lighted by candles. Those on the stage were fixed to wooden cross-pieces and were raised and lowered by a cord. The candles had to be snuffed during the play and they were not lighted until the last moment, for reasons of economy.

While the crowd of soldiers, pages, thieves, drunkards, card-players and fencers may seem overdrawn and the duel improbable, the modern playgoer may be assured that Rostand's picture is true of the early years of the seventeenth century. The bearing of arms in the theatre was forbidden in 1635 and again in 1641, but the law was not observed. Brawling was common and, during the first twenty years of the century, no lady went to the theatre. Under Richelieu the audience improved and respectable people began to frequent the plays.[1] In view of the edicts against duelling and the executions of the Counts of Bouteville and Chapelles for disregarding them, it is not probable that the Cardinal, mentioned as being present at the play, would have remained in the background and left Cyrano unmolested after his duel in a public place. Cyrano's interruption was, of course, authentic, though the incident happened much later than 1640.

The crowd represented in the pit is that of the early years of the century, the audience in the loges is that of a later date. Rostand has combined the two and added the Cardinal as an extra touch of local colour. The play was acted 'after dinner', i.e. in the afternoon, for dinner was the mid-day meal. The price of entrance to the pit in 1640 was ten sous or a 'demi-teston'. 'Croyez,' says a placard of 1629, 'que le demi-teston que vous donnerez à la porte ne sçauroit payer une des scènes de ce Divin Poème.'

---

[1] For more complete information on the state of the theatres, see Eugène Rigal, *Le théâtre français avant la période classique*, Paris (Hachette) 1901 and Eugène Lintilhac, *Histoire générale du théâtre en France*, Vol. III, p. 12, Paris, s. d.

Rostand refers to the price as fifteen sous (Sc. I) because this sum is well known through Boileau's lines (*Satire* IX, 1667):

> 'Un clerc pour quinze sous, sans craindre le holà,
> Peut aller au parterre attaquer *Attila*.'

The price was not raised to fifteen sous, however, until the success of Molière's *Précieuses ridicules*, in 1659. Free entrance to the theatre (Sc. I) had become a notorious abuse.[1]

THE ACTORS. The actors who take part in Baro's play are well known to students of the seventeenth-century drama.

Montfleury. Zacharie Jacobs, *alias* Montfleury, had joined the company of the Hôtel de Bourgogne about three years before the time of this play, after having been a strolling player and page to the duc de Guiche. He was of good family and education. Cyrano was indeed an avowed enemy of Montfleury's and attacked him in a letter 'Contre un gros homme', saying of him: 'à cause que ce coquin est si gros qu'on ne peut le bâtonner tout entier en un jour, il fait le fier.'[2] Tallemant des Réaux[3] also refers to his embonpoint: 'Montfleury, s'il n'étoit point si gros et qu'il n'affectoit point trop de monstrer sa science, seroit un tout autre homme que Floridor.'

Jodelet. Julien Lepy, *alias* Jodelet was at the Marais in 1610, at the Hôtel in 1634 and later back at the Marais (after 1642). A celebrated actor in farce, he was a great favourite with the pit by reason of his gross humour, his nasal accent and his ugly befloured face.[4]

L'Epy. The *Gazette*, 15 December 1634, mentions the joining of six actors of Mondori's troupe to those of Bellerose. Among the new arrivals are L'Epy and his brother Jodelet. Bellerose and La Beaupré are given as being with the original troupe.

Bellerose. Pierre le Messier, *alias* Bellerose, made his *début* at the Hôtel in 1629. He was leader and orator of the company and played the title rôles in *Cinna* and *Le Menteur*. Tallemant says of him: 'Bellerose était un comédien fardé qui regardait où il jetterait son chapeau, de peur de gaster ses plumes: ce n'est pas qu'il ne fist bien certains récits et certaines choses tendres, mais il n'entendait pas ce qu'il disait.'

THE ORIGINALS OF THE DRAMATIS PERSONAE. *Roxane and Christian.* There lived a Mademoiselle Robineau whose *précieuse* name was Roxane. M. Roman in his excellent article on Cyrano and his family,[6] after consulting original documents states that Madeleine Robineau, widow of Christophe de Neuvillette, 'après la mort de son mari, tué en 1640 au siège d'Arras, s'est consacrée aux bonnes œuvres.' More than twenty years after the death of Neuvillette Somaize writes: 'Roxane, comme l'on

---

[1] Cf. Sorel's *Maison des jeux* (1642).

[2] Cyrano de Bergerac, *(Œuvres comiques*, Paris (Garnier), pp. 164-168.

[3] *Historiettes* V, 493. See also Molière's caricature of him in the *Impromptu de Versailles* and notes on Montfleury in Molière (*Œuvres*, Gr. Écriv. III, pp. 180-181).

[4] See Tallemant, *Historiette de Séguier*, and Corneille, *Œuvres*, Gr. Écriv. IV. 123 5.

[5] *Historiettes* V, pp. 491-2.

[6] *Revue d'histoire littéraire*, 1894, p 455.

peut juger par les quarante-cinq ans dont elle datte son âge, n'est pas des moins anciennes prétieuses d'Athène (Paris) aussi a-t-elle toute la connoissance que peut apporter une longue expérience, et pouvoit enseigner publiquement tout ce qui concerne les prétieuses: elle a beaucoup d'esprit et est des bonnes amies de *Sophie* (Mlle de Scudéry) qui luy fait une confidence générale de tous ses ouvrages: elle loge dans Léolie (Le Marais)'.[1] Christian's real name was Christophe de Champagne, Baron de Neuvillette.

Comte de Guiche. Although much criticized by his contemporaries, Guiche was better than a mere 'villain of a play.' The following contemporary opinions may serve to counterbalance the rôle he is made to play in *Cyrano*. *Mém. de Grammont:* 'Le courtisan le plus délié et le plus distingué qu'il y eût à la cour'; Mme de Motteville: 'Éloquent et spirituel Gascon et hardi à trop louer'; Somaize: 'Cette illustre personne est connue pour un des plus accomplis courtisans de la cour.' He married in 1634 Françoise-Marguerite de Plessis de Chivray, nièce of Cardinal de Richelieu, was made 'mestre de camp' (i.e. Colonel) of the French Guards in 1639, and, for distinguished services at Arras, Bapaume and La Bassée, Maréchal de France in 1641.

Le Bret, etc. Much of our knowledge of Cyrano's life comes from the biography written by his friend Le Bret. It was on the way back from Clamart, where Cuigy had his château, that Cyrano discussed the moon with his friends and conceived the idea of his *États et Empires de la Lune* (see Chapter I of this work). Brisailles was ensign in the Prince of Conti's guards and was a literary amateur. Lignières (François Payot de) was a satirical poet whose poems are to be found here and there in the anthologies of the period.[2] They were composed for recitation in the cabarets where he passed the greater part of his time. Carbon de Castel-Jaloux was actually captain of the guards, but D'Artagnan, though well known to us as one of the Three Musketeers, was only a cadet in the guards in 1640.

Ragueneau. The poet-pastrycook appears in Dassoucy's *Aventures burlesques* as one of the four examples of persons who would be poets in defiance of common sense. His relations with the versifiers of the day, their cynical exploitation of his weakness, his consequent ruin, his connection with Molière, first as actor then as candle-snuffer, are all related by Dassoucy, whose version Rostand appears to have followed fairly closely. He introduces anachronisms that are of no importance—Ragueneau is present at the death of Cyrano (1655) while the real Ragueneau died at Lyons in August 1654; Ragueneau says that he is employed by Molière, whereas Molière was at Montpellier in 1655; Ragueneau mentions his indignation at seeing the plagiarism in the *Fourberies de Scapin*—he had been dead seventeen years when the play in question was produced. There is nothing to prove that Cyrano knew Ragueneau, and a man of his independent nature was not likely to frequent the pastry-cook's shop with its crowd of hungry poetasters. Ragueneau is however a well known contemporary figure and his appearance in the play is justified, in spite of the slight anachronisms. His shop was, as stated in the play, rue St. Honoré between the Palais Royal and the rue de l'Arbre Sec.

[1] *Dictionnaire des Précieuses*, 1661.
[2] See E. Magne, *François de Lignières*, Paris, 1920.

STAGE DIRECTIONS

La salle est un carré long—i.e. an oblong placed on the stage thus:

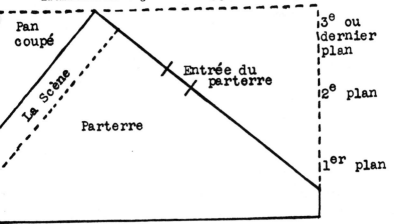

Manteau d'Arlequin. The frame at each side of the front of the stage with a cross-piece supporting drapery.

La Clorise (1632) was intended to be a dramatization of a story from *L'Astrée*, but the author, Balthasar Baro, admits that he had to change names and add incidents. Not content with borrowing from *L'Astrée* he also copied Racan. The opening speech, quoted later in this act, is a flagrant imitation of a scene from Racan's *Bergerie*.

TEXT

(The first figure indicates the page, the second the line)

4, 1. *Holà vos quinze sols!* See General Note above.

4, 1. *J'entre gratis*. See General Note above.

6, 4. *Rotrou* (1609-1650). A very successful writer of tragedies whose fame has since been overshadowed by that of Corneille.

en farandole, 'holding hands as in a children's round game.' The farandole was a Provençal dance.

6, 9. *Puis donc que* = *Puisque . . . donc*.

7, 3. *Balthazar Baro*. Poet and lawyer, secretary of d'Urfé, the author of the famous novel *L'Astrée*, completed by Baro after the author's death. Baro, a frequenter of the Hôtel de Rambouillet and an arch-précieux, became a member of the Academy in 1634.

Il remonte, i.e. He goes towards the back of the stage, which slopes upwards from the foot-lights.

7, 4. *canons*. The essential part of the *canon* was 'un ornement de toile rond' worn at the knee, but to this the dandies of the period had attached lace falling half-way down the leg.

7, 5. *la première du Cid*. Corneille's *Cid* was not produced here but at the rival theatre in the Marais.

7, 10. *Aigre de cèdre*. Juice of lemons or citrons prepared from half-ripe fruits for the use of perfume-makers. In the seventeenth century it was used to make a drink and Richelet defines it as 'une sorte de liqueur d'un goût fort agréable.'

8, 2. *Les marquis—au parterre*. Their natural place would be on the stage or in the boxes—not standing in the pit.

8, 4. *Sans marcher sur les pieds*. The marquis were noted 'faiseurs d'embarras.' Later, at the moment when the audience is expecting the curtain to rise, one marquis calls to have a candle snuffed and another has a chair passed to him. See also Molière's *Impromptu de Versailles*, ed. G.E., Vol. III, p. 401.

8, 5. *Cuigy, Brissaille*. See General Note above.

8, 6. *devant que*. In the seventeenth century *avant que* and *devant que* were used without distinction, the former gradually prevailing.

9, 8. *La présidente Aubry*. The wife of the President of the Chambre des Comtes, a judge.

10, 4. *Monsieur de Corneille . . . Rouen*. Corneille, although already famous as the author of the *Cid*, had not yet come to live in Paris as did most contemporary writers of repute.

10, 5. *L'Académie*. The meetings at Conrart's house came under Richelieu's authority in 1634 (first official meeting). Letters patent in 1635.

10, 6. *Boudu, Boissat*, etc. The irony is evident. These members of the Academy are so completely forgotten that it is difficult to say whether some of them ever existed. Cureau de la Chambre was a medical man; de Colomby, du Bourzeys, de Boissat and de Porchères were among the original members of the Academy. Bourdon is probably a misprint for Bourbon, elected to chair No. 1, in 1637. Rostand would naturally consult the list of original members and there would have been no point in including the name of a person who was not an Academician. Cf. Victor Hugo, *Marion de Lorme*, ed. Hetzel, p 43 (Act II, Sc. 1).

10, 11. *surnoms*. Not their surnames (*noms de famille*) but their pseudonyms as *précieuses*.

11, 1. *Chansonne*. Songs of the lampooning type are numerous in the seventeenth century and had great influence in the quarrels of the day. 'Lampoon' would be preferable to the literal translation.

11, 4. *raffinée*. More than 'refined'—'fastidious.'

11, 11. *Rivesalte*. Rivesaltes is a small town in the Pyrénées Orientales which has given its name to a wine. The final -s is omitted to rhyme with *halte*.

12, 1. *rôtisseur*. See general note at the head of Act II.

12, 2. *Monsieur de Cyrano*. Monsieur de Bergerac would be the normal form of address. Rostand seems to choose the title that best suits his metre and in this scene the hero is indifferently de Cyrano, Cyrano, Bergerac, and Monsieur de Bergerac. Cyrano himself was no more precise, however, for he signed himself De Cyrano, Savinien de Cyrano, S. de Cyrano Bergerac, S. de Cyrano de Bergerac, etc.

12, 9. *triolet*. A poem of eight lines, with two rhymes only, the first, fourth and seventh lines being the same and the second being repeated as the eighth.

Il s'en excuse, i.e., by reducing his gift from a *tarte* to a *tartelette*, while Lignière does the contrary by insisting that the small rolls were milk rolls.

13, 7. *tonne*. The *tonne* is more rounded than the ordinary barrel. The reference being to his bulk and not to drinking habits, 'tub' is perhaps the best translation.

14, 2. The *colichemarde* is a rapier of particular shape, broad near the hilt and becoming suddenly narrow instead of tapering. In common use in the seventeenth century, it is still to be found in some French fencing schools.

14, 3. *Suffisamment. Il est cadet aux gardes.* A person admitted to the guards became 'noble' by reason of his entry though most of the successful candidates were of noble birth. On this and other abuses of title in the seventeenth century, see D'Avenel, *La Noblesse française sous Richelieu*, ch. XIV, and especially pp. 307-8.

14, 8. *Physicien*, 'physicist.'

14, 11. *Philippe de Champaigne.* A Belgian painter who went to Paris at the age of nineteen and worked with Poussin in decorating the Luxembourg. He painted many religious subjects but excelled as a portrait painter. Sober and regular in his habits, his venerable air caused him to be much respected by his colleagues.

15, 1. *feu Jacques Callot.* Painter and engraver. It is as an engraver that Callot is best known. He died in 1635.

15, 6. *Artaban.* The hero of one of La Calprenède's novels (*Cléopâtre*). The expression *fier comme Artaban* is in common use to-day, but Cyrano was not likely to have known it as *Cléopâtre* was published in 1647.

15, 7. *l'alme Mère Gigogne. Alme* (Lat. almus), according to Nicot, is an innovation due to Ronsard, who uses the word several times (*alme soleil, alme Vénus, Père alme*). The *Mère Gigogne* was a well-known character in the Théâtre de la Foire in the seventeenth century. Her origin can be traced back in folk-lore to Ceres and Isis. She represents the unfailing fruitfulness of the human race and her English equivalent is the 'Old Woman who lived in a shoe.'

15, 8. *fraise à la Pulcinella.* Punch's ruff is as necessary to his picture as his hump. The cover of *Punch* gives an easily accessible illustration of a *fraise à la Pulcinella.*

15, 10. *Nasigère.* A coined word on the pattern of Latin words compounded with *gero*. Any high-sounding word will do to translate, e.g. 'nasal organ.'

15, 15. *La Parque.* Atropos, the fate who cut the thread of life. The whole expression is borrowed from Cyrano himself. Cf. *Pédant joué*, IV, ii: 'Ne savez-nous pas que mon épée est faite d'une branche des ciseaux d'Atropos?'

15, 19. *Et si fraîche*, etc. *Frais* = 'fresh,' and also 'cold' (adj.). Hence the conceit that one might catch a cold—in the heart.

16, 4. *Le cordon bleu en sautoir. En sautoir*, i.e. worn like a collar with the ribbon coming down to a point on the chest. The *cordon bleu* was the distinctive mark of the *Ordre du Saint Esprit.*

16, 7. *Certain triste sire.* A sorry knave, because he was 'accommodating' and willing to marry Roxane merely to further De Guiche's designs on her.

18, 4. *Baise-moi-ma-mignonne*, etc. The first is mentioned by A. d'Aubigné (See H. Roy, *La Vie, la Mode*); *Ventre de biche* is also mentioned by Roy (p. 138).

18, 5. *Espagnol malade* may seem to have been invented for the sole purpose of the compliment, but it actually occurs in Mareschal's *Railleries de la Cour* (1636):

> 'A cause du faux jour et d'un volet fermé
> Je pensois que ce nœud fût de *Diable enrumé*.
> Je suis d'avecque vous pour l'*Espagnol malade* :
> La couleur en est morne, insensible et trop fade,
> *Astrée* a fait son temps, *Celadon* est baissé,
> Vous estes aujourd'huy dessus l'*Amant blessé*.'

18. 8. *Vers le théâtre*, 'towards the stage.'

18, 10. *Av*. A cry of pain. Generally two syllables, as in Act I (p. 33, l. 14).

19, 6. *La porte de Nesle*. The battle actually took place at the Porte de Nesle, but Lignières, who had been visiting Cyrano near the Luxembourg, was therefore *outside* the town and would enter by the Porte de Nesle.

19, 8. *Le pressoir d'or*, etc. The best known of the taverns mentioned is the *Pomme de pin* situated in the Cité. *Les trois entonnoirs* was famous for its Beaune wine. *La Ceinture qui craque* is unidentified.

20, 2. Sorel, describing a ball in his novel *Polyandre*, alludes to the bad taste allowed on such occasions and gives as example the removing of wigs on a fish hook suspended from the ceiling by a thread. See also Musset, *Fantasio*, Sc. v.

20, 8. *On frappe*. The signal for the rise of the curtain is still, in France, a series of knocks.

24, 2. *essorille*, etc. 'Cut off his ears and disembowel him.'

24, 5. *Mortadelle d'Italie*. A thick highly flavoured sausage made at Bologna in Italy.

24, 6. *Thalie*. The muse of pastoral and comic poetry (Thalia).

24, 10. Trans.: 'She would kick you with her buskin.'

24, 12. *ayez pitié*, etc., 'pity my scabbard'—because of the play on words in the next line, *Rendre son âme*, 'to give up one's soul, to die.' Hence *rendre sa lame*.

25, 8. *Voulez-vous me prêter*. For the biblical reference, see Judges xv.

26, 5. *numéros*. The suggestion would amuse a Parisian audience by its incongruity. It calls to mind the practice of taking numbers when waiting for an omnibus. The conductor calls the numbers and the person with the lowest gets in first and the others in their order.

26, 13. *fluxion*. The more popular use of the word in the sense of 'swelling.' If the stage cannot be cured of the swelling by Montfleury's departure then Cyrano will have to use the lancet.

27, 2. *restera—restera pas*. The usual French taunt to excite the person concerned, always used without the pronoun subject.

28, 7. *chaque* for *chacune*. This would appear to be due to the exigencies of versification and not to any desire to use archaic style.

28, 9. *des han! de porteur d'eau*. A housewife rarely went down to the public fountain for water, unless poor, but relied on the water-carrier. His pails, suspended from a yoke, held about thirty litres and he might be expected to 'grunt' with the effort when he had to carry them up several flights of stairs.

29, 3. *notre Baro*. Not merely because he frequented the Hôtel de Rambouillet, but also because the *précieuses* were enthusiastic admirers of the *Astrée* that he finished.

29, 10. *Thespis*. A Greek poet, considered to be the originator of Greek tragedy.

34, 2. *plaisant*, 'funny.'

34, 11. The tirade on the nose should be compared with Straforel's catalogue of possible abductions in *Les Romanesques*, Act I, Sc. v.

35, 13. *pétunez*. Obsolete, but used in the seventeenth century for 'to smoke tobacco' (*pétun*) or 'to take snuff.' Note *pipes de pétun* in the stage directions at the end of Scene iii, Act. IV.

35. 21. *hippocampéléphantocamélos*. Le Bret used this word in a letter quoted as an annotation to Cyrano's *Œuvres comiques*, where Rostand probably noted it. Le Bret states that Lucilius used the word 'après Aristophane' but seems to have improved upon the word *hippocampus* used by Lucilius.

35, 29. *conque-triton*. The shell-horn of the Triton, trumpeter of Neptune.

35, 32. *avoir pignon sur rue*, 'to have a gable on the street,' i.e. 'to have a house of one's own.'

35, 35. *pointer contre cavalerie*, 'lay the gun on the cavalry.'

35, 36. *gros lot*. The first (biggest) prize in a lottery.

35, 37. *Pyrame*. The parody is of two well-known lines of Théophile de Viau's *Pyrame et Thisbé*:

'Ah! voici le poignard qui, du sang de son maître,
S'est souillé lâchement: il en rougit, le traître!'

36, 4. *Lettres*. Taken first in the sense of literary culture, then in the literal sense.

36, 15. *qui sort sans rubans*, etc. Cf. Molière *Precieuses ridicu's*, Sc. iv. The *précieuses* complain that their suitors' clothes have not enough ribbons. Cyrano in his reply develops the idea that he looks after his moral, not his physical elegance; *un affront pas très bien lavé* ('not wiped out'), *la conscience jaune encore de sommeil dans le coin de son œil . . . des scrupules en deuil* (i.e. dirty; ill-kept finger nails have black borders and so are said to be 'in mourning').

37, 5. *Maraud*, etc. This vocabulary is quite in keeping with the social position of the character, however surprising it may seem to us to-day. The polite veneer due in a great measure to the efforts of the *Précieuses* fell away in moments of anger. The society of the court of Louis XIV was by no means the polished and refined milieu that Victor Cousin would have us believe. See Magne, *Voiture et les années de gloire de l'Hôtel de Rambouillet* and Magne's works on the period.

37, 10. *J'ai des fourmis. Avoir des fourmis*, to have 'pins and needles,' the peculiar pricking sensation due to the benumbing of a limb. For the idea, cf. *Hernani*: 'Ma dague n'est pas à l'aise et veut sortir.'

38, 5. *La Ballade, donc*. An insult, because the courtiers considered it their privilege to discuss and judge verses and were supposed to know full well the technique of such popular verse forms as the ballade.

39, 7. *Céladon*. Principal hero of the novel *L'Astrée* and indeed an exceptionally elegant shepherd.

39, 8. *Scaramouche*. The original Scaramouche played the part of a duellist (sixteenth century). An Italian actor, bearing the name, lived in Paris from 1640 to 1694. He created the type of the pale person dressed in black of the Italian comedy and was noted for his agility.

39, 9. *Myrmidon*. Dwarf (cf. an ancient people of Thracia), hence, from a person small in stature, a person of little importance and talent.

39, 12. *Larder, dindon*. To pink with the sword (*larder*) as the turkey is pinked by the cook. For *larder*, a term of cookery, see note to 39, 26.

39, 16. *mouche*. The *mouche* used to cover the button at the end of a foil and render the weapon doubly safe cannot possibly be the *mouche* to which Cyrano here refers. The combatants were not fencing with foils but duelling with rapiers. Cyrano seeks a spot for his thrust (*mouche* means also the bull's eye of a target) and in the next line announces that he has found it.

39, 25. *broche, Laridon*, 'hold firmly your spit, Scullion.' *Laridon* is the name given by La Fontaine to the degenerate dog (in his fable, *L'éducation*) because it turned the spit. It is merely the latin *laridum* 'bacon,' pronounced *à la française*. The word *larder* used above is from the same root. To 'lard a fowl' is to pierce the flesh and insert little wedges of bacon.

40, 2. *je quarte du pied, etc.* To move one foot and bend the body side-ways to avoid a stroke. Richelet gives the verb *quarter* (not found in Littré) as follows: 'Quarter v. n. (Corpus flectere) Terme d'escrime. C'est ôter son corps hors de la ligne: ce qui se fait en pirouettant, en tournant le corps, comme sur un pivot, pour se défendre des passes.' *J'escarmouche*, 'I skirmish.' Rostand needs a rhyme in *-ouche*. *Je coupe*, 'I disengage.' *Se fendre*, 'to carry the foot forward and lunge.'

40, 4. *heureux et navré*. *Heureux*, because Cyrano is the hero of the hour, *navré*, when he thinks of the possible consequences.

40, 5. *pharamineux*. This popular word is not given by Richelet or by Littré. Bécherelle states that it was in use at the court of Louis XV and to be found in the *Souvenirs* of Mme de Créqui. It is still used, probably because its sound lends itself to the expression of surprise and wonder. A colloquial rendering would be ' 'smarvellous!'

41, 7. *vous ne dinez donc pas*. A slight anachronism. Cyrano would have dined before the play, in spite of the fact that it was in the afternoon, for dinner was the mid-day meal in the seventeenth century. See Notes, p. 10.

44, 3. *C'est un auteur*. And a particularly jealous one. See the history of his relations with Corneille in the Édition des Grands Écrivains.

45, 2. *Silène*. The foster-father of Bacchus, whom Greek mythology makes a sort of buffoon among the gods.

46, 24. *l'ombre de mon profil*. Cf. Shakespeare, *Richard III*, Act I, Sc. i.

'I . . . .
            Have no delight to pass away the time
            Unless to spy my shadow in the sun
            And descant on my own deformity.'

47, 12. *Bérénice—Tite*. Titus was so much in love with the Jewess Berenicia that he took her to Rome and intended to marry her. Political reasons made this impossible.

48, 4. *primes roses*. Note this indication of the time of year. Roxane goes to mass at dawn and, returning therefrom, finds it is still only seven o'clock. The dawn next day is at six o'clock (Act II). In the garden of Roxane's house (Act III) are 'larges feuillages.' The siege of Arras (Act IV) lasted from May to August. Guiche mentions it as in progress (Act III, Sc. ii). There follow some difficulties of time of day. The play, in Act I, began at 2 p.m. and according to custom should end about

4.30 p.m. Scene iv would not take as long as *La Clorise* would have taken. Cyrano then eats a macaroon and a grape, talks for five minutes with Le Bret (Sc. v) for two minutes with the Duenna (Sc. vi) and five minutes later (Sc. vii), i.e. not later than 5 p.m., goes out with lighted candle to see 'un coin du vieux Paris pittoresque lunaire.' As the century advanced the play began later, and Rostand is evidently timing the performance later than it really was in 1640.

48, 5. *Saint-Roch*. A church in the Rue Saint-Honoré. Well known to students of seventeenth-century literature, as Corneille is buried there.

48, 8. *il perche*. It is curious that a woman who talks of the *primes roses d'aurore* should ask in slang for an address.

49, 10. *céans*, in common use in the seventeenth century, 'in this house,' 'in this place,' where the speaker is at the time. *Ici* could then be used of the locality, the town, and *céans* for the house itself, as in Mme de Sévigné, 16 mars, 1672: 'Mme Scarron vous aime; elle passe *ici* le carême, et *céans* presque tous les soirs.'

50, 1. *grive*. Referring to the expression: *saoul comme une grive*, lit. 'as drunk as a thrush.' For origin see Littré, *Dict*. Art. *Grive* 1.

51, 16. *la farce italienne*. Well known in the seventeenth century. The Italian actors came at the bidding of Marie de Médicis. For many years Molière's troupe played on alternate nights with theirs. At first their farces were improvised on the stage, according to a preconceived general plan, the rôles being always the same: Arlequin, Pantaloon, Scapin, the Capitan, Pulcinella, Pierrot, the Doctor, etc. On the companies of Spanish and Italian actors in Paris in the seventeenth century and their influence, see Lintilhac, *Histoire générale du théâtre en France*, vol. III.

51, 17. *ronflement*. The difficulty of translation is evident. 'And above its bombast (the Spanish drama) tinkling your motley note (the Italian farce) surround it with bells like a tambourine.'

52, 6. *Scipion* was nicknamed because of his prominent nose and the name was retained by the family.

The battle is related by Le Bret, and Rostand appears to have followed very closely his version, as the following parallel passages show:

Le Bret: 'Prends une lanterne . . . et marche derrière moi: Je veux aider moi même à faire la couverture de ton lit.'

Rostand: 'Prends cette lanterne. Et marche! Je te jure
    Que c'est moi qui fera ce soir ta couverture!

Le Bret: 'Monsieur de Lignières . . . ayant blessé par une épigramme un grand seigneur qui, pour se venger, a posté un soir sur sa route cent assassins.'

Rostand: 'Une chanson qu'il fit blessa quelqu'un de grand
    Et cent hommes—j'en suis—ce soir sont postés.

One wonders whether the paid assassins would have stood their ground had they seen coming toward them a crowd of people with lights.

ACT II

GENERAL NOTE.—The *rôtisserie* where poultry, game, etc., are cooked for the table is still to be seen in Paris with its large open fireplace, blazing wood fire and ever-turning spit. As a rule meals are not served there nowadays and the spit is turned by clockwork instead of by a dog or the rôtisseur's children.

STAGE DIRECTIONS.

Rôtisserie. Ragueneau combined with this trade that of pastry-cook.

Rue Saint-Honoré et rue de l'Arbre-Sec. See note to p. 75, l. 4.

fleurs naïves. Not a common expression, 'simple flowers.'

salle en soupente. This room has an opening in the wall of the room represented on the stage, but well above the stage level, like the mezzanine floor of many modern hotels.

grosses pièces. The larger game.

pièces montées. A dish built up to decorate the table.

coup de feu. The morning firing-up.

TEXT

comptant sur ses doigts. Not expert as a versifier, he has to count the syllables on his fingers to establish his lines.

56, 1. *Roinsoles.* An earlier form of the word *rissole*.

bœuf en daube. Beef cooked in its own gravy.

56, 5. *allonger cette sauce.* To make less thick by adding bouillon or water. The question 'How much?' finds Ragueneau thinking of his verses, which would be lengthened (*allonger*) by adding syllables (*trois pieds*).

56, 9. *la fente de ces miches.* In the French loaf the cleft should be in the middle as is the *césure* in Alexandrine verse.

57, 4. *le vieux Malherbe.* François Malherbe died twelve years before the time at which Ragueneau is speaking.

57, 15. *croquantes.* A kind of almond tart made quite crisp in the oven.

57, 16. *Orphée et les bacchantes.* After the loss of Eurydice Orpheus would not take notice of any other woman. The Bacchantes tore him to pieces—literally!

58, 2. *pour unique paiement.* In Cyrano's *Journey to the Moon* poets pay with verses the score at the inn.

59, 4. *Nicodème,* 'stupid.'

60, 3. *Il en a plein la bouche,* 'He can't talk of anything else.' Note that in English we can say, in a similar sense, 'He's full of it.'

61, 1. *Mon nez remuerait-il,* etc. Children are told by nurses that untruthfulness can be detected by a movement of the nose. Cyrano assumes that his big nose would move only for a big falsehood.

61, 3. *Si ce n'est pas sous l'orme.* 'Attendez-moi sous l'orme' means that one will not keep the appointment.

64, 4. *Cette brioche a mis son bonnet de travers.* The *brioche* resembles in form the English cottage loaf. The small upper part is the bonnet.

65, 7. *en ces puits, puis que ces puits.* Note the doggerel nature of Ragueneau's verses.

66, 1. *yeux vainqueurs—battus. Avoir les yeux battus,* 'to have dark circles under one's eyes'; the brutal accusation is difficult to render. 'Conquering eyes methinks are oft conquered eyes,' in the translation by Thomas and Guillemard, is happy.

66, 3. *ridicoculise*—a compound of 'to ridicule' and 'to render cuckold' —is an invented word. It cannot be rendered into English except by a periphrasis.

66, 4. *a bon entendeur—salut,* 'a word to the wise...'

67, 3. *Roxane masquée.* Women frequently wore masks when travelling or when walking in the streets of Paris.

67, 5. *Benserade* (1612-1691). Noted for his witty verses, ballets, etc. These trifles pleased by their *à propos*, but even in his own time he was much criticized.

67, 6. *darioles.* 'Sorte de petit flan de farine et de beurre, d'œufs et de lait' (Richelet), Trans.: 'custards.'

67, 10. *Saint-Amant* (1594-1641). An adventurous, much-travelled, thirsty poet with an excellent appetite, who must have been dear to Cyrano. He was highly appreciated by worthy contemporaries, but Boileau, who regarded him as a person only fit 'to scrawl his verses on the wine-shop walls,' appears to have been shocked at his attempting a subject like *Moïse sauvé.*

Chapelain (1595-1674). Regarded as a great writer in his day. His chief poetic effort is *La Pucelle.*

67, 11. *poupelin*, ' Pâtisserie faite de fleur de froment, de fromage, d'œufs et de sel, qu'on beurre lorsqu'elle est cuite. C'est à dire qu'on fait manger toute chaude dans du beurre.' (Richelet).

68, 10. *mari postiche.* 'False' in the sense that he was merely to facilitate De Guiche's designs.

70, 10. Note the dramatic value of this incident and that Roxane's interest in Cyrano's exploit is secondary to her fear for Christian and leads up to the final 'Oh j'ai fait mieux depuis

71, 11. *La place Royale.* See general note to Act III.

72, 10. *Un héros de d'Urfé.* Already referred to as 'élégant.' In his reference to *L'Astrée* Rostand is *en pays de connaissance*, for at the age of eighteen he won the *prix d'éloquence* of the Academy of Marseilles with a work in praise of d'Urfé.

75, 4. *en face, à la Croix du Trahoir.* At the tavern of that name. The *rôtisserie* was at the corner of the rue Saint-Honoré and the rue de l'Arbre Sec, and the Croix du Trahoir was in the middle of the carrefour of these streets until 1636 when it was placed—with the public fountain it had surmounted—at the corner of the rue de l'Arbre Sec.

75, 7. *Sandious, mille dious, capdedious.* Provençal forms of oath. *Dious = Dieu*, the word being joined to or fused with *sang de, mille, tête de, mort de*, etc.

76, 4. *Tours—tortils.* The *tortil* is the heraldic crown for barons. For illustration see *Petit Larousse illustré*, s.v. *Tortil.*

77, 5. *Tu? Q'est ce donc qu'ensemble nous gardâmes?* The vulgar reproach for the unauthorized use of *tu* is still 'Dites donc, est-ce que nous avons gardé des cochons ensemble?'

77, 9. *Théophraste Renaudot.* Physician to the King, founded in 1630 his *Bureau d'adresses*, and in 1631 *La Gazette*. This journal appeared every Saturday with, from time to time, an *extraordinaire* or supplement.

78, 3. *Le Maréchal de Gassion* (1609-1647). Created Marshal of France after taking Barlemont in 1643. There is therefore a slight anachronism here.

78, 5. *Courre* for *courir* was common in the seventeenth century and is still used in stag-hunting: *courre le cerf.*

79, 9. Note the fixed form chosen by Cyrano for his presentation of his comrades to De Guiche, the triolet, well adapted to badinage and very popular at the time for satirical verse, e.g. *Les triolets de la Cour*, Paris, Besson, 1649, *Les triolets de Saint-Germain*, 1649, *Les triolets du temps*, Paris, Denys Langlois, 1649, etc. The verses appear to be modelled on those quoted by Paul Lacroix in his Notice to Cyrano's *Histoire comique*, pp. L and LI, and erroneously attributed to Cyrano.

79, 13. *Bastogne* or *bastoigne*. A band across the shield touching the edge at the lower end only.

80, 21. *Un poète est un luxe*. Many rich nobles in the seventeenth century had poets on the list of their servitors.

80, 26. *ton Agrippine*. La Mort d'Agrippine, by Cyrano de Bergerac, did not see the light until 1653.

82, 8. *Don Quichot*. The usual French form is *Don Quichotte*. The syllable is suppressed for metrical reasons.

82, 13. *qui tournent à tout vent*. Like the sails of the windmill, 'turncoats.' De Guiche laid himself open to the insult by his suppleness in his relations with Richelieu and Richelieu's successors.

83, 3. *dans quels jolis draps. Se mettre dans de jolis draps*, 'to get into a nice mess.'

84, 1. *un tuteur*, 'a support.' The usual word for a stick used as a support for a plant.

84, 4. *aux financiers*. There were no *droits d'auteur* in the seventeenth century and the only money brought in by a poem or play was frequently that given by the person to whom it was dedicated. The financiers were rising in importance socially and were only too pleased to pay liberally for dedications that had previously been made to the nobility. The most unfortunate example of fulsome flattery coupled with cringing begging is Corneille's dedication to the 'financier' Montoron, which became celebrated in the world of letters. The mention here is particularly *à propos*, for *Cinna* was played in 1640 (although not printed with the objectionable dedication until two years later). On this practice, see also Boileau, *Sat. VIII*.

84, 7. *déjeuner d'un crapaud. Avaler un crapaud*, 'to do something distasteful.'

84, 8. *un ventre usé*, i.e. worn by crawling.

84, 11. *flatter la chèvre, arroser le chou. Ménager la chèvre et le chou* is the usual expression for attempting to decide between two opposing parties so as to make an enemy of neither, 'to run with the hare and course with the hounds.'

84, 13. *donneur de séné* etc. '*Passez-moi la rhubarbe et je vous passerai le séné*' is the proverbial expression for making mutual concessions that are not justified.

84, 14. *encensoir—barbe*. The vulgar expression for excessive praise of a person in his presence is *casser le nez à coups d'encensoir* or *donner de l'encensoir par le nez*. For purposes of rhyme this expression has been combined with *faire quelque chose à la barbe de quelqu'un*, 'to do something before someone's face.'

84, 16. *rond*. Rostand first uses this word in *Honoré d'Urfé et Emile Zola*, p. 16, where he prints it in italics: 'Quel était l'ouvrage qu'on allait se passer de main en main, lire dans toutes les ruelles, discuter dans tous les *ronds?*' It is not given in this sense by Richelet but was so used by Tallemant des Réaux who speaks of Voiture as *l'âme du rond*.

84, 19. *éditeur de Sercy* = Charles de Sercy. 'Dans la grand' salle du

Palais' (see Corneille's *La Galerie du Palais* for a contemporary picture of the trade carried on in the galleries of the *Palais de Justice*) Sercy published novels and poetry, but his main stock in trade was a rather curious collection of books on law, gardening and cookery. 'Tous les autres livres de jardinage,' says the *Livre commode des adresses de Paris*, 'se vendent chez le sieur Charles de Sercy. . . . Où l'on trouve ailleurs un nouveau *Cuisinier Royal et Bourgeois* et une *Instruction pour les Confitures, les Liqueurs et les Fruits*, outre plusieurs livres de Droit, Civil et Canon, sur les matières bénéficiales et autres.'

84, 23. *Travailler à se construire un nom sur un sonnet*. Note that the passage from *Se pousser de giron en giron* down to *vieilles dames* applies very aptly to Voiture's career. He was a *petit grand homme dans le rond* of the Hôtel de Rambouillet. The practice of being elected 'pope' in a cabaret is not yet abandoned. There is still a *'prince des poètes français,'* though now-a-days the newspapers interfere in the work of the 'council.' The reference to the sonnet is an evident allusion to the famous quarrel of the sonnets by Benserade and Voiture. The former sent to a lady a verse paraphrase of some chapters of Job and accompanied it with a *Sonnet sur Job*. The contemporaries took sides as to the relative excellence of this sonnet and one by Voiture on the same subject. Benserade's clan headed by the Prince de Conti were known as Jobelins. The Voiturists or Uranians were headed by the Duchess de Longueville. Many poets took part in the dispute—including Corneille. Balzac and Mlle de Scudéry expressed their opinions. An appeal was made to the *Académie de Caen* and much time wasted, as Cyrano says, instead of better work being produced. Although both sonnets had appeared before 1640, the quarrel came later, about the end of 1648, after Voiture's death. For further information on this famous quarrel, see Magne, *Voiture et les origines*, etc., p. 33, Note 1 (works and sources).

84, 25. *Mazettes*, 'incompetent people.' The word had originally the sense of 'wretched horses,' 'hacks.'

84, 24. *Vagues gazettes*. *Vague* is in common use in this sense of 'obscure.'

84, 28. *Être dans les petits papiers du Mercure français*, 'to receive favourable notice in the *Mercure*'. While there existed in 1640 an annual known as the *Mercure français* (founded in 1615), the periodical to which Cyrano seems to refer here (*Le Mercure Galant*) was not founded until 1672.

85, 26. *grands cols d'Italie*, etc. The soft lace collar is referred to by De Guiche later.

85, 29. *tuyauter* is to iron, with a special instrument, the 'tubes' that form the ruff. *Godron* is one of these tubes.

86, 7. *apprentif*. The old spelling of *apprenti*.

87, 2. *pas plus que de cordon*. Proverb: 'Il ne faut pas parler de corde dans la maison d'un pendu.'

88, 3. Throughout the scene Christian completes by each interruption an idiom that might use the word *nez*.

avoir quelqu'un dans le nez }	'to detest—to bear a grudge
avoir une dent contre quelqu'un }	against someone.'
fourrer le nez dans }	'to interfere—to poke
fourrer le doigt entre l'écorce et l'arbre }	one's nose into.'

The last expression is generally used of interference in family affairs

where the relationship is as close as the tree and the bark, and the person
who interferes is sure to have the meddling finger hurt.

89, 11. *porter une nasarde.* Cyrano was going to say *un coup*; Christian
changes it to a 'fillip on the nose.'

90, 2. *puaient à plein nez,* 'smelled abominably,' 'a noseful'—to
maintain the taunt.

90, 2. *l'oignon et la litharge.* Cheap viands and cheap wine adulterated
with red lead.

90, 5. *paf—pif!*—Cyrano is aimed at (*ajusté*)—*Paf!* imitating the noise.
Christian imitates his riposte '*Pif!*' This is the last straw for Cyrano, who
becomes furious. *Pif!* is slang for nose. Trans: 'Biff! on the nose.'

93, 8. *non, car je suis de ceux,* etc. Cf. Célio in Musset, *Les Caprices de
Marianne.*

95, 15. *Ira-t-elle à Roxane?* 'Will it suit her?' 'Will it fit her?'

96, 8. *La giroflée.* The pun is on two meanings of the word: (*a*) a wall-
flower, (*b*) a blow. The latter meaning came from a popular expression:
Donner une giroflée à cinq feuilles.

Act III

GENERAL NOTE. *L'ancien Marais,* well known to present-day Parisians
was not old in 1640. The Marais, as the name indicates, was originally a
marsh caused by a tributary of the Seine. It was later drained and culti-
vated by market-gardeners. After the building of the Place Royale the
district developed very rapidly and at the time represented in the play
was the newly built fashionable quarter of Paris. The planting of plane
trees in the Place Royale and its use as a fashionable promenade came
later. This square still stands (Place des Vosges) with the façades of its
houses unchanged. One of the houses (No. 25) still belongs to a descendant
of the original owner.

Stage Directions

Une petite place dans l'ancien Marais. See above.

Text

100, 11. *tenir bureau.* To hold a meeting of *précieuses* in her *réduit*
(salon).

100, 12. *discours sur le Tendre.* The *précieuses* were particularly fond of
discussing questions of 'gallantry' and later (1654) their classic was Mlle
de Scudéry's *Clélie* with its curious *Carte du Pays de Tendre* (for descrip-
tion see *Les Précieuses ridicules,* ed. Didier, p. 34, or any good annotated
edition. Molière refers in Scene iv to the *Carte.* Cf. Boileau, *Satire X.*)

101, 2. For the incident of the page-musicians and the wager Rostand
has utilized his reading of D'Assoucy's *Aventures burlesques*[1] as the
following passages will show: 'Le pauvre musicien-poète avait le tort de
marcher flanqué de deux jeunes garçons d'allure équivoque et qui, en
réalité, n'étaient que des 'pages de musique' chargés de prêter la fraîcheur
de leurs voix aux airs que leur maître composait.'[2] D'Assoucy was a

[1] Edited by Colombey, Paris. Garnier, 1876.
[2] *Préface.*

born gambler and relates himself an adventure with a card-sharper who had won all he possessed: 'Je lui eusse encore joué mes luths et mes pages, couché Valentin sur une carte et Pierroton sur l'autre'.[1] *La croche est triple*. There are three 'hooks' to the note, i.e. the note is a demi-semi-quaver (our crochet is a *noire* and our quaver the *croche*).

101, 4. *Je suis musicien comme tous les disciples de Gassendi*. Cyrano claims to be a musician, as were most mathematicians of the time, Gassendi and le P. Mersenne especially. In his *Voyage dans la lune* he notes the names of places in musical notation, having explained that the educated people had a language in which pitch alone had connotation. One could say all one wished, therefore, with a musical instrument, no articulated sound being necessary. He even forecasts (p. 178) the modern phonograph.

103, 7. *dernier*. A word much used and abused by the précieuses in such senses as 'utmost,' 'highest,' 'extreme.' Cf. the use of 'last' in 'the *last* word in . . .'

104, 9. *on assiège Arras*. Arras was besieged from May to August 1640.

105, 4. *mestre de camp*. A title that fell into disuse toward the end of the seventeenth century. Practically equivalent to *Colonel*.

107, 7. *se ronger les poings*, 'to be greatly irritated.'

107, 18. *la rue d'Orléans—le syndic des Capucins*. In 1624 the Capucines had bought a house and a *jeu de paume* in the rue d'Orléans (rue Charlot) and built a church on the site. They were called here, says an Act of 1624, 'by the inhabitants of the houses newly constructed in the marshes (*marais*) of the Temple.' These were the Capucins mentioned by Mme de Sévigné as playing the part of firemen when the house of her neighbour M. de Guitaut was burned. The syndics had different powers in different congregations but they had generally to do with the relations of the monks to law and commerce. Similarly Syndics are appointed in Cambridge, to manage and develop certain undertakings (e.g. The Syndics of the University Press).

111, 15. *De par tous les diables*. The expression *de par le roi* was already criticized as out of date in Cyrano's time. See Brunot, *Histoire de la langue française*, tome V (1660-1715), p. 231.

113, 6. *délabyrinthez*. The editor has no recollection of this word among *précieux* documents, but it is well in keeping with the seventeenth-century use of *labyrinthe*. 'Ceci n'est-il point un peu labyrinthe?' asks Mme de Sévigné. *Délabyrinthez* is still used jokingly to mean 'render less obscure.' Roxane uses it rather with the sense of 'expand,' i.e. take your thoughts, all crowded in the labyrinth, and straighten them out, develop them; for there was nothing obscure in Christian's 'je t'aime.'

117, 8. *De sorte qu'il strangula*. The allusion is to the efforts of Juno to destroy Hercules and Iphicles by sending serpents to their cradle. The serpents were seized and strangled by Hercules. The figure is cleverly adopted from the *Agrippine* of the real Cyrano:—

'Et dedans ma famille, au millieu des serpents
J'imiterai, superbe, Hercule en ce rencontre.'

117, 10. *La goutte à l'imaginative*. *Imaginative* is used several times by Molière as a substantive: 'Quand je veux, j'ai l'imaginative aussi bonne, en effet, que personne qui vive' (*L'Étourdi*). The expression is *précieuse*, and well in the note of the seventeenth century.

119, 3. *Je parlais à travers*. Cyrano was speaking *through* someone else, but, when challenged, he finishes his sentence quite differently.

120, 1. *la fleurette a du bon*. Roxane seizes the word *fleurette* to bring Christian (Cyrano) back to love-making *à la précieuse*. *Conter fleurette* is 'to talk sweet nothings.'

120, 6. *l'eau fade du Lignon*. The Lignon, a small river in the Forez, was immortalized in the *Astrée*. The water is *fade* to Cyrano because the sentiment in the *Astrée* is smothered by affectation. Cyrano wishes to abandon mere word-fencing and speak from the heart.

120, 12. *billet doux de Voiture*. On Voiture and his popularity among the précieuses (in spite of his humble origin), see Magne, *Voiture et les origines* and *Voiture et les années de gloire de l'H. de R.*, Paris (Mercure). For a specimen of Voiture's billets-doux, see *Lettres*, ed. Jouaust, Vol. II, p. 321.

120, 18. *le fin du fin*. The use of adjectives as substantives is one of the characteristics of the précieux style. 'C'est là savoir le fin des choses le grand fin, le fin du fin' says Magdelon in the *Précieuses Ridicules* (Sc. ix). Rostand had already used the expression in *Honoré d'Urfé et Émile Zola*, p. 16: 'Chacun s'efforce, suivant un mot d'alors, d'épurer sa flamme, et l'on cherche en tout le fin du fin. . . .'

121, 5. *grelot*. The spherical bell rung by a tiny ball moving inside.

121, 9. *Je sais que l'an dernier*. . . . Cyrano is speaking, of course, of his own experience, not of Christian's. The latter had not known Roxane a year. He did not know her name in Act I, and Acts I—IV take place in May-August 1640.

123, 5. *Est-ce un homme*. The musicians have some difficulty in classifying a monk. A pledged celibate, he counts as neither man nor woman in love intrigues.

124, 2. *Jusqu'au grain majuscule*. The monk promises to tell the beads of his chaplet until he comes to one of the larger beads (which mark the tens).

125, 7. *Un point rose*. This conceit can be retained in translation if 'adoration' is used to translate *aimer*.

125, 14. *Que la reine de France*. The Queen is Anne of Austria, the lord, Buckingham. On the latter's journey to Paris and the stolen kiss (which the Queen did not allow without a cry that called all her attendants around her) see the excellent examination of the versions of Mme de Motteville, Tallemant, De Retz, La Porte and La Rochefoucauld given by M. Louis Battifol in *La Duchesse de Chevreuse*, Hachette, 1913, pp. 55 et seq.

131, 10. *boule-safran*. Cyrano in the opening paragraph of his *Journey to the Moon* refers to the moon as *cette boule de safran*.

132, 9. *le visage tout noir*. Guiche was wearing a mask.

134, 7. *à la parfin*. Archaic: *parfin* is a strengthening of *en la fin enfin*).

134, 14. *l'aigle stupide de Regiomontanus*. Regiomontanus was the astronomer, Jean Muller. Two automata have been attributed to him, the one an iron fly that flew round the table from guest to guest and back to the inventor, the other an eagle that flew before the Emperor as he entered a town. *Le pigeon timide*. Archytas invented a dove that flew. One would scarcely expect an iron eagle to be intelligent or a pigeon, real or mechanical, to be unduly bold.

135, 9. *icosaèdre*, a twenty-sided solid. The machine is described by Cyrano in his *Histoire comique . . . du soleil* (Ed. Garnier, p. 237).

136, 3. *cadedis*. Gascon exclamation; see note to 75, 7.

137, 6. *en petit saut de lit = négligé*.

Act IV

GENERAL NOTE.—A period of open war with Spain, 1635–1642 brings, into the play the names of places in Flanders that have been made famous by allied soldiers during the war of 1914–18. This Spanish war began by failures, went through a period of improvement and culminated in decided successes. Of these, the taking of Arras (August 1640), at which Cyrano was present, was one of the greatest. Dourlens, mentioned in the text, should be Doullens—a village south-west of Arras. The French troops besieging Arras had been cut off from their supplies by Imperial troops, so that they were themselves besieged.

Text

144, 2. *qui dort dîne*. Proverbial expression. Sleep prevents their feeling hunger. 'He who sleeps dines.'

146, 9. *le cardinal infant d'Espagne*. The form used in English for *infant*, the title given to the younger sons of the King and Queen of Spain, is *infante*.

147, 1. *sommeil succulent*. Carrying on the idea of *qui dort dîne*: the sleep that prevents their feeling the pangs of hunger is like food, succulent.

148, 4. *bourguignotes*. Helmet, with protectors for the side of the head, leaving little of the face exposed; for picture, see *Petit Larousse illustré*.

149, 2. A series of idioms expressing hunger played upon with ready wit by Cyrano (*avoir l'estomac dans les talons, j'ai les dents longues, mon ventre sonne creux*) who takes each expression literally and replies 'that to have his stomach in his heels makes him taller', 'that the man with long teeth can take bigger bites,' 'that the hollow stomach can be used as a drum to beat the charge.'

149, 8. *Ventre affamé, pas d'oreilles*. The proverb is used in the sense that it is useless to argue with a hungry man; a hungry man has no conscience. Cyrano again takes the expression literally and retorts that the hungry man cannot have noises in the ears—because he has no ears.

149, 9, *salade*, 'embossed helmet.'

150, 5. *l'éminence qui grise*. A pun on *son Éminence grise*, François Leclerc du Tremblay, known as the Père Joseph, confidant and adviser of Richelieu. Cyrano's query is solely for the pun. He would scarcely expect this particular monk to be sent with wine as he had been dead two years.

150, 6. *Croquer le marmot*. Richelet's Dictionary (Ed. 1728) explains this expression as follows: 'Façon de parler basse et proverbiale, qui signifie attendre longtems sur les degréz ou dans un vestibule. Ce proverbe vient aparemment des compagnons peintres, qui, attendant quelcun, se desennuient à tracer sur les murailles quelques marmots ('grotesque figures') ou autres traits grossiers.' Hence 'to wait long and impatiently', as here.

The *pointe* here lies in the two senses of *croquer* and *marmot*. 'I am hungry as an ogre,' says the soldier. 'Well you are eating (*croquer* = 'to eat' or 'to sketch') the small boy (*marmot*).'

150, 13. *tomber la pointe au cœur*, etc., 'fall with a sword (*pointe*) through the heart and with a witticism (*pointe*) on the lips.'

151, 8. *la musique en patois*. Because it is the simple music of the peasant, the music of home. Note the poetic value of this passage.

151, 25. *changé de viscère*, 'transferred from one organ to another,' i.e. the suffering is in their hearts, not in their stomachs.

152, 2. *roulement de caisse*, 'roll of a drum.' This use of *caisse* is current; *la grosse caisse* = 'the big drum.'

153, 5. *Descartes*. A seventeenth-century philosopher whose teachings were widely read even by the ladies of the period.

153, 6. *il n'a plus que les yeux*, 'he's nothing but skin and bone.'

154, 6. *aller aux mousquetades*. The fact that Guiche plays here the part of the 'villain' should not blind the student to his real qualities as a soldier. See Voiture's fulsome praise in *Lettres*, ed. Uzanne, Paris 1890, Vol. II, p. 57, and General Note to Act I.

154, 7. *Bapaume*, a village near Arras that became a familiar name during the fighting of 1914–1918.

155, 1. *Henri quatre*. Henri IV rallied his men in battle by ordering them to follow the white plume of his helmet when their standards fell. This phrase 'Ralliez-vous à mon panache blanc,' is as well known to French boys as Nelson's 'England expects that every man this day will do his duty' is to British boys.

159, 8. *battez aux champs*, 'to turn out troops at the sound of the drum.' Here to a general salute.

162, 15. *ergot*. The *ergot* is the spur, a kind of pointed nail behind the cock's foot. Rostand uses it for the tightening of the calf muscles when one struts. The *dentelle en tuyau d'orgue* is, of course, the *canon*. See note to p. 7, l. 4.

165, 1. *basane*. The leather-protected parts of breeches—here probably used for the garment itself.

165, 3. *fer à moustache*. Curling tongs for the moustaches.

166, 6. *chauds-froids*. Game served cold in jelly.

187, 7–188, 1. *Hardi*, etc. = *Hardi! Ne reculez pas, drôles!*
                                          Tombez dessus! Ecrasez-les!

à son chiffre, 'with her initials.'

ACT V

GENERAL NOTE.—Marguerite de Senaux (1589–1657), widow of Raymond de Garibal, founded the convent of the Dames de la Croix in the rue de Charonne. She is the Mère Marguerite of Act V. It should be noted that Roxane is a pensionnaire or boarder in the convent, not a nun. It is interesting to remark that about the time she was supposed to enter the convent Cyrano's aunt actually took the veil there. She joined the Superior and Madeleine Robineau, according to Le Bret, in their efforts to convert Cyrano.

There is an apparent contradiction between the mention of the *Sœur tourière* (l. 130) and the presence of Cyrano and Guiche in the convent garden. Letters and packets went into a convent of cloistered nuns by means of a turning box (*tour*). There was an uncloistered nun outside who delivered to this box) and the *sœur* inside who took the letters and packets from the *tour* to the Mother Superior was called the *sœur tourière*. If such precautions were necessary, how could this act take place in a convent garden ? Rostand is quite justified in this liberty, for the rule was not observed with equal severity in all convents and in some the laxity was scandalous.

The reader should note the beauty of the setting, the contrasts of colour and the full use of all stage effects (including lighting and music) by Rostand.

STAGE DIRECTIONS

C'est l'automne. Cyrano died in September.

TEXT

192, 2. *Cornette-béguins.* For *cornette*, see the illustration to the word *coiffure* in *Petit Larousse illustré.* The *béguin* is a close-fitting bonnet.

193, 15. *j'ai fait gras hier*, 'I ate meat yesterday,' i.e. on Friday, *un jour maigre*, 'a meatless day,' if he were a good Catholic.

196, 13. *il attaque les faux nobles.* Cyrano attacked them in his letters, one of which is addressed to *·Un comte de bas aloi'* (Cyrano de Bergerac, *Œuvres comiques*, pp. 190-191).

201, 5. The Fasquelle text reads:

Ma tristesse sourit. Elle qu'Avril offusque,

Se laisse décider par l'automne moins brusque.

I would substitute *dérider* because I believe that is what Rostand wrote. This reading carries on the idea of 'ma tristesse sourit' and the two lines express a poetic thought well known to the Romantics.

201, 9. *sœur tourière.* See General Note above.

202, 7. *une fâcheuse la mort.*

205, 4. *Ayant mangé huit fois du raisiné de Cette.* Louis XIV's excellent appetite is the subject of various anecdotes of the time. The *raisiné* referred to here is a kind of jam.

205, 7. *fébricité.* The meaning is clear ('fever'), but the word and the syntax were evidently called for by the versification.

205, 10. *Jean l'Autrichien.* Don Juan of Austria was governor of the Low Countries. Turenne's victory was a few years later than the date of this scene.

205, 14. *Lygdamire.* Madame la duchesse de Longueville, Condé's sister, had exchanged Coligny for Miossens, Miossens for La Rochefoucald, La Rochefoucauld for Nemours, but she was converted in 1654 and retired from the world. She was not likely, therefore, to be furnishing cause for scandal in 1655.

205, 15. *Toute la cour est à Fontainebleau.* From September 19 to October 25, during which period the King had an illness.

205, 17. *Mancini, reine de France ou presque.* The marriage of Louis XIV with the Infanta of Spain (Marie-Thérèse) was delayed for some time because the young King objected to this political union. He was in love with Marie-Mancini, one of Mazarin's nieces, and wished to marry her. Rostand has probably followed the Arsenal MS published in Vol. II (Elzev.) of Bussy Rabutin's *Histoire amoureuse*, where the writer dates his love affair from the time when Louis XIV was seventeen (i.e. 1655). Marie Mancini did not leave the convent, however, after her arrival from Italy (1653), until February 1657. Madame de La Fayette dates the King's passion from the time of his illness at Calais (1658). See La Fayette, *Histoire d'Henriette d'Angleterre*, ed. Anatole France, Paris, 1882, pp. 22 et seq. Mazarin strenuously opposed this marriage with his niece. Note the dramatic value of this reading.

211, 3. *Ou jouait Scapin*. The first performance of the *Fourberies de Scapin* was on Sunday, May 24th, 1671. Cyrano was therefore spared this news. The famous '*Que diable allait-il faire dans cette galère?*' was indeed copied from Cyrano's *Pédant joué* and Molière had also used Cyrano's play in his *Amour Médecin*. (See Molière, ed. G. E., Vol. V, pp. 285-6).

211, 9. *Celui qui souffle*, 'He who prompts'—and is forgotten.

212, 4. *C'est dans le conte*. The story to which reference is made is evidently *Beauty and the Beast*, which was as a matter of fact written long after Cyrano's time.

212, 14. *ton autre amie est là*. Reference to his *Histoire comique de la lune*.

214, 14. *cette camarde*, 'Death.'

215, 9. *Le laurier et la rose*. Le *laurier*: his military laurels for he is not dying a soldier's death in battle; *la rose* : his love-success.

215, 14. *Mon panache*. M. Rostand speaking to the boys of his old school explains *panache* as follows:

'Le panache n'est plus la grandeur, mais quelque chose qui s'ajoute à la grandeur et qui bouge au-dessus d'elle. C'est quelque chose de volti-geant, d'excessif, et d'un peu frisé. Le panache, c'est l'esprit de la bravoure. Oui, c'est le courage dominant à ce point la situation qu'il en trouve le mot. Toutes les répliques du *Cid* ont du panache: beaucoup de traits du grand Corneille sont d'énormes mots d'esprit. Le vent d'Espagne nous apporta cette plume: mais elle a pris dans l'air de France une légèreté de meilleur goût. Plaisanter en face du danger, c'est-un délicat refus de se prendre au tragique: le panache est alors la pudeur de l'héroisme, comme un sourire par lequel on s'excuse d'être sublime. Le panache, c'est souvent dans un sacrifice qu'on fait, une consolation d'attitude qu'on se donne. Un peu frivole peut-être, un peu théâtral, sans doute, le panache n'est qu'une grâce: mais cette grâce est si difficile à conserver jusque devant la mort, cette grâce suppose tant de force que—c'est une grâce que je vous souhaite.

> Et c'est pourquoi je vous demande du panache!
> Cambrez-vous, poitrinez, marchez, marquez le pas:
> Tout ce que vous pensez soyez fiers qu'on le sache,
> Et retroussez votre moustache,
> Même si vous n'en avez pas.
>
> Ne connaissez jamais la peur d'être risibles;
> On peut faire sonner les talons des aïeux,
> Même sur les trottoirs modernes et paisibles,
> Et les éperons invisibles
> Sont ceux-là qui tintent le mieux.'